ビジネスで勝つ

ネットゲリラ戦術

詳説

しょぼい自己啓発シリーズ

えらいてんちょう

KKベストセラーズ

ビジネスで勝つネットゲリラ戦術【詳説】

えらいてんちょう

ビジネス界が、戸惑っています。
ルールが変わったのに、新しいルールブックがないからです。

ＳＮＳで炎上騒ぎを起こしてしまう企業が絶えません。中には深刻なダメージを負った企業もあります。毎日のようにニュースになっていますよね。

どの企業も、ここ5年くらいで一気に一般化したＳＮＳを宣伝に使うようになりました。たしかに、新しいメディアへの対応は急務でしょう。

しかし、どうも慣れていないのか、使いこなせていない企業が多いという印象をぬぐえません。炎上騒ぎはその表れの一つでしょう。

優秀な人が集まり、資金も豊富にある大企業でも、まだ新しいメディアには戸惑いを隠せていないのです。だから怪しげなコンサルタントの言うことを鵜呑みにしてしまったり、取り返しのつかない失敗をしてしまったりするのです。

なぜそんな事態になっているのか？

それは、メディア環境が大きく変わった今の時代を説明する理論がないからです。

インターネットの普及やＳＮＳの登場はメディアをめぐる環境を大きく変えました。個人が直接、情報を発信できるようになりましたし、買い物もスマートフォンひとつで済ませられます。どの会社も、こぞってネット広告に力を入れるようになりました。

今や、世間の話題や世論はオンラインで作られています。しかし、変化があまりに急なので、企業はなにをどうすればいいかわからず混乱しているのです。

そのスキを突いて台頭してきているのが、新しいタイプの個人です。

これまでのビジネスの主役は、企業などの大きな組織でした。しかしＳＮＳなどによりメディアの主導権が個人に移ってきているため、組織に属さない個人が、いわばゲリラとして活躍するようになったのです。

そう、今はゲリラ戦の時代です。

企業などの大きな「正規軍」ではなく、個人単位で戦うゲリラが有利な時代が今なのです。ルールが変わったということです。

ところが、ビジネスのルールが変わったというのに、ルールブックはいまだに更新されていません。古いルールブックに従って戦っている人たちは、冒頭でお伝えしたように、炎上などに苦しむしかないでしょう。

その一方で、すばやく新しいルールを飲み込んでゲリラ戦を有利に展開している人たちもいます。

本書は、そんな新しいルールに対応したはじめてのルールブックです。

まあ、はじめてといっても、わかる人はわかっていたでしょう。本書を推薦してくれたひろゆきさんは「言語化してなかった法則を、言語化して貰っちゃった感」とおっしゃってくれましたが、まさにその通り。

一部の人たちの間ではなんとなく知られていた新しいルールを、明確にしたのがこの本です。

ルール変更からは誰も逃れられません。だから、みなさんが会社員でも、経営者でも、フリーランスでも、本書はお役に立てるはずです。限られたリソースをどう使うべきかとか、炎上をどう防げばいいかなど、具体的な指針を示せたと自負しています。

どんなに優れたアスリートでも、ルールを知らなければ試合には勝てませんよね。試合に勝つには、ルールを熟知することです。

「新しいルール」の下では、ビジネスのスピードはより増しているようです。つまり、ゲリラ戦はスピードが命です。現に、本書を書いている間にも、どんどん新しい事例が入ってきました。

本書の4章ではそんな事例をまとめましたが、同時に、本が古くならないよう、できるだけ普遍的なルールを抽出するようにもしました。そのために、本書では古典を参照しつつ新しいルールを解説しています。

ですから本書には、少なくとも10年は耐用年数があるはずです。存分に活用してください。

ところで、ルールが変わるということは、倫理観も変わるということです。かつてカール・マルクスは「経済などの『下部構造』が、文化などの『上部構造』を規定する」と言いました。

下部構造が変わったのですから、上部構造が変わらないはずがありません。ものの考え方や価値判断も変化しています。

私は本書で、あまり価値判断をしていません。価値観がどう変わっていくのかは予想ができませんから、できるだけニュートラルになるように心がけました。

新しいルールの下では、今日の価値観で見るならば、道理が通らないことをして成功する人も出てくるでしょう。

そんな時にどう判断するかは難しい問題ですが、ひとつ言えることがあります。

それは、下部構造を知らなければ上部構造を語れないということ。すなわち、新しいルールを知らなければ、良い・悪いの判断もできないはずです。

だから本書は、実は新しい倫理観を形作る本でもあるのです。

新しいルールとはどのようなものでしょうか？
私と一緒に見ていきましょう。

えらいてんちょう

第1章

ビジネスゲリラの時代が来た！

第2章

しょぼい贈与論2.0

第3章

つながりは、ゆるいほうが上手くいく

第4章

ビジネスゲリラの戦術論

第1章

ビジネスゲリラの時代が来た！

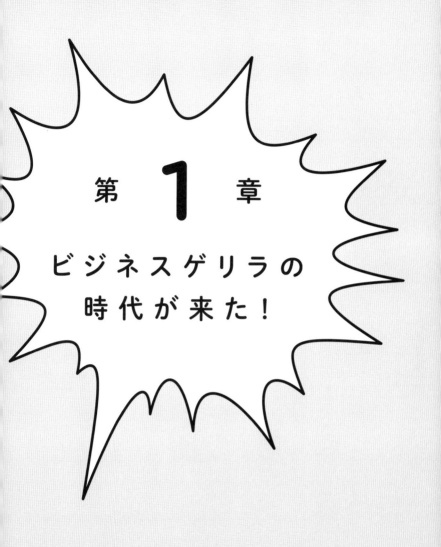

改めまして、えらいてんちょう、と申します。28歳、妻子持ちです。

私、普段はYouTuberをやりつつ、国内外に11のフランチャイズ支店がある「エデン」というイベントバーを経営しています。タイのバンコクにも支店があるんですよ！


……というといかにもやり手のビジネスパーソンのようですが、全然違います。大学在学中に就職活動が嫌になってしまい、**「朝起きたくない」「満員電車が苦手」という立派な理由で就職をあきらめたのが私です。**

でも、何もしないわけにもいきません。そこで私は、50万円の元手でリサイクルショップをオープンさせてその店長におさまったわけです。

あ、ちなみに「えらいてんちょう」と名乗りはじめたのもそのころです。なんでかというと、誰も私のことをえらいと言ってくれないので（当然ですが）、やむを得ず自分で名乗りはじめたのですね。

幸いリサイクルショップは上手くいき、その後開いた「エデン」も順調にビジネスを広げていって今に至ります。ありがたい話です。

で、本書では、その私が次世代のビジネス戦略について解説したいと思います。

おっと、そう構えないでください。

「ビジネス」と聞くとなんだか意識が高くて小難しい話を想像されるかもしれませんが、それは違います。なにせ、私は就職さえできなかった人間です。どうぞご安心ください。

私がこの本でお伝えしたいことは、別の表現をすると「ゲリラ戦」なのです。そう、持たざるゲリラたちが強大な軍隊に挑む、ゲリラ戦です。

ビジネスとゲリラ？　関係ないじゃん？　と首をかしげる方が多そうですね。

でも、関係があるんです。

なぜなら、現代のビジネス界では、正式な軍隊（企業）同士が戦う「正規戦」の時代は終わり、**私たちしょぼい個人でも主役になれる、ゲリラ戦の時代がはじまっているからです。**

ルールは変わりました。強大な戦力を誇る正規軍たちを、私たちしょぼいビジネスゲリラが倒すことが可能になったのです。

しかし、どうやって？

……その方法は、これからお伝えしましょう。

「ゲリラ」として勝ち残る

その前に本書の前提をお伝えしておきます。

この本は、「持たざる者」が成功する方法を書いた本です。目的は社内での出世でも起業でもいいのですが、とにかく、金がない・能力がない・ツテがない……といったしょぼい人たちを対象にしています。

社会は、ごく少数の持てる者たちと、持たざる者たちに分かれています。今の日本社会なら、大企業や大きな組織に属するエリートたちは前者、私たちは後者です。

持てる者たちや彼らの組織は、軍隊に例えると正規軍です。大企業を想像するとわかりやすいですが、人・金・モノとたくさんのリソースを持っているわけですね。要するに、とても強い。

一方の私たちには、人も金もモノもありません。しょぼいですね。でも、正規軍が幅を利かせている世界でなんとか成功したい。

それは、つまりゲリラです。リソースは圧倒的に少ないけれど、正規軍を相手に戦わなければいけません。

しかし、心配はいりません。

第一に、歴史上、ゲリラが正規軍に勝った例はたくさんあります。圧倒的に少ない兵力でも、戦い方次第で勝つこともできるのです。

第二に、これが重要なのですが、**今の時代はゲリラにとって有利になっているのです。**後で詳しく述べますが、インターネットの普及は正規軍よりもゲリラを利する結果になっています。

今は有名なYouTuberやブロガーがたくさんいますが、インターネットがない時代だったら、彼らは戦えなかったでしょう。

要するに、ネットはゲリラ向きの武器なのです。

もしあなたが一流企業の花形部署に勤める高学歴の有能なサラリーマンだったら、本書は読まずに、王道の方法で出世したほうがいいでしょう。なぜなら、本書で私がお伝えする方法はゲリラの戦い方だからです。

正規軍(ごく少数)
大企業や大きな組織に
属するエリート
どーーーん
人
金
物
VS
ゲリラ
持たざるもの
しょぼっ…
人・金・物
なし
少ない
リソース
正規軍が幅を利かせている
世界でなんとか成功したい!!

しかし、あなたがしょぼい人なら……？

本書を読んで、ビジネスゲリラとして正規軍と戦い、勝ってください。

- 大組織や有名企業は「正規軍」。豊富なリソースを持つ
- われわれはリソースが少ない「ゲリラ」
- ゲリラでも正規軍に勝つことはできる

正規軍のルールに乗るな！

ゲリラとしての戦い方の基本はひとつだけ。**正規軍と同じルールで戦わないことです。**

圧倒的な戦力を誇る正規軍とまともにぶつかったら、負けるに決まっているからです。戦力が違います。

しかし「戦場」である社会をよーく見ると、部分的にルールが狂っている場所や狂う瞬間があるはずです。

そういう所を突くのが、ゲリラ戦の基本です。ズルと言われようと、気にしてはいけません。ゲリラなんですから。

例を挙げましょう。

もしあなたが起業して成功したいなら、同じ業界の大企業を相手に戦わなければいけませんね。ゲリラ戦のはじまりです。

では頑張ろうと、あなたはさっそく商売の材料を仕入れにいく……。

はい、残念ですが、この時点であなたの負けです。

なぜなら、正規軍のほうが圧倒的に有利であることを忘れているからです。予算ははるかに正規軍のほうが多いですから、同じ価格で、同じ材料を買っていたら勝てるわけがありません。

同じルールで戦ってはいけない、という大原則を常に念頭に置いてください。

貧乏なゲリラが正規軍に勝つためには、素材を相場よりも安く仕入れなければいけません。安く仕入れることができれば利益が出せますから、正規軍に勝てる可能性が出てきます。ですが定価で買ってしまったら負けるほかないのです。

物の値段の相場は、先ほど述べた「ルール」の代表例です。大企業ならばルールに沿っても勝てますが、ゲリラはそれができません。

しかし、物を安く買うなんて、そんな上手い話があるの？　と思われるでしょう。

あるんです。ルールが狂う瞬間が。

私はそれを「バグ」と読んでいます。

バグとは、コンピューターが計算を誤ってしまうことです。たとえばゲームがおかしな数字を叩き出すことをバグと言いますよね。つまり、ルールが狂ってしまうのです。

そして、バグは実社会でもたまに起こります。

われわれしょぼいゲリラは、そういうバグを上手く利用して戦うべきなのです。ルールにのっとっていては、正規軍に勝てません。

先ほどの物の値段の話に戻すならば、極端に相場が下がるバグを狙って材料を買い、それを高く売る。これがゲリラの基本戦術です。

■ゲリラは正規軍と同じルールで戦ってはいけない
■ルールが狂う「バグ」を上手く利用する

ゲリラの武器は「贈与」

私は本書で、しょぼいビジネスゲリラとしての戦略・戦術を説くつもりですが、先に答えを書いておくと、**ゲリラにとっての最大の武器は「贈与」**、つまり何かを相手に与えることです。

私は贈与の定義を広くとらえています。お金を渡すのも贈与ですが、しょぼいわれわれにはあまりお金はありません。

でも、ちょっとしたプレゼントや気遣いを与えることはできますよね。それもまた、贈与なんです。

われわれしょぼいゲリラは大組織や大企業を相手に戦いを展開するわけですが、まさか銃や爆弾を使うわけではありません。

かといって、お金もモノもない。

だから贈与なのです。

昔、フランスの社会学者であるマルセル・モース（1872〜1950）は、贈与という行為を切り口にさまざまな社会を分析する『贈与論』という本を書きました。モースは、贈与は単なる人や物のやりとりに留まらず、人の心理を含めた社会全体を構成する基本的な原理であると説いています。

それは現代でも変わりません。贈与はビジネスをする上での重要な武器になります。

大企業（正規軍）はたくさんのお金がありますから、モノや金をバラまいて戦いを有利に展開できます。しかしわれわれゲリラも、贈与を武器に、人心をつかむことは可能です。

たとえば、贈り物はわかりやすい例です。贈り物が人の心をつかむことはよくありますよね。

■ 贈与はゲリラにとっての主要な武器
■ 金や物がなくても贈与はできる

経済の「バグ」を突け！

では、どのように贈与戦術・戦略を展開すればよいか？

ここでも、先ほど述べた「正規軍のルールに乗らない」という基本を忘れないでください。

圧倒的なリソースを持つ正規軍と同じやり方で贈与をしても、絶対に負けます。あなたがなけなしのお金でしょぼい贈り物をバラまいても、正規軍はその100倍、1000倍の規模で贈与戦術を展開するでしょうから、負けます。というか勝負になりません。

たとえば最近だと、決済アプリのLINE Pay（ラインペイ）が「全員にあげちゃう300億円祭」と称して総額300億円分のLINE Payボーナスをバラまきました。やはり決済アプリのPayPayも、100億円還元キャンペーンをやりまし

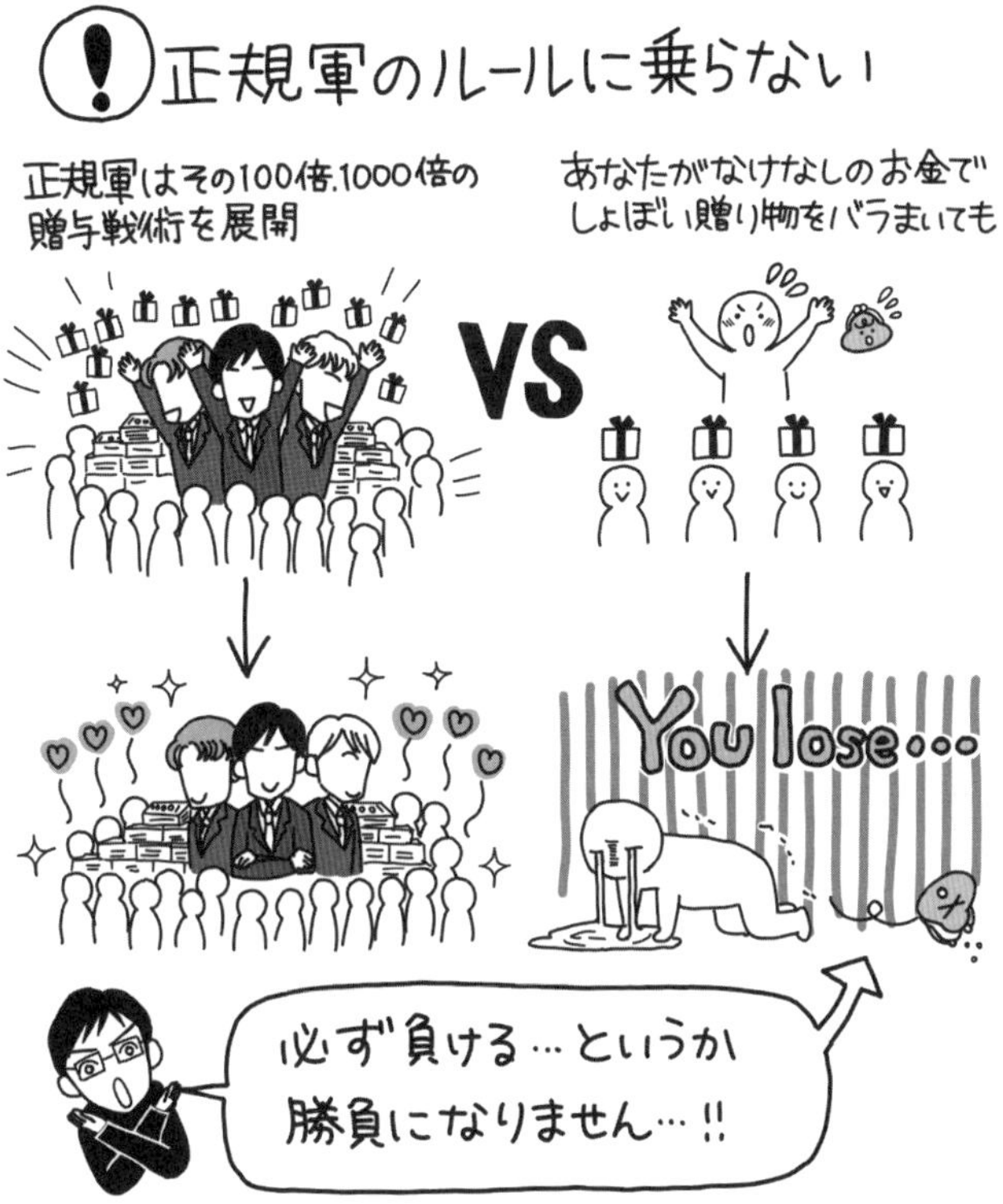
正規軍のルールに乗らない
正規軍はその100倍,1000倍の
贈与戦術を展開
あなたがなけなしのお金で
しょぼい贈り物をバラまいても
VS
You lose…
必ず負ける…というか
勝負になりません…!!

た。

正規軍の贈与って、このレベルなんですよ。だからもしあなたが正規軍と同じルールで贈与をしようと思ったら、最低でも100億円が必要です。

そんな大金、持ってるんですか？　私にはありません。正規軍は強いということです。

じゃあどうすればいいのかというと、**自分に有利なバグを見つけ、そこになけなしのリソースを投入すればいいんです。**

一例を挙げましょう。

世の中では、物の価値が異常に上下するバグがたまに発生します。

たとえば、富士山の山頂には自動販売機があるのですが、そこでは普通の飲料が400円や500円といった法外な値段で売られています。相場の4〜5倍です。バグですね。

なぜ富士山の山頂ではこのようなバグが成り立っているのかというと、

- 山頂まで重い飲料を持ち歩くのはキツイ
- 登山では喉が渇き、飲み物が必要
- 日本一高い山なので登山客が多い

といった特殊な条件によって飲料の価値が異常に高騰しているからです。そこに気づけたからこそ、相場の4～5倍の値段で飲み物を売れるわけですね。

こういったバグを目ざとく見つけるのが私たちしょぼいゲリラの基本戦略です。

しかし、こういった都合のいいバグがそうは見つからないのも事実です。もし存在しても、正規軍がすでに見つけてしまっている可能性が大です。

そこで私は、人の「感情」に着目することをお勧めします。

感情はうつろいやすく、個人差が大きいため、大規模な正規軍にとってはあまり扱いやすい要素ではありません。

正規軍にとっての感情はむしろ、広告や企業のＳＮＳの炎上といったリスクを引き起こす、やっかいな存在です。

ところが、われわれゲリラにとっては逆なのです。感情はゲリラ向きの指標です。

- ■特殊な条件がバグを引き起こす
- ■たとえば、物の値段が異常に上下するバグがある

感情はバグを引き起こしやすい

先ほど、バグの一例として富士山の山頂の自販機の話をしましたが、似たケースを探すのはそんなに簡単ではありません。もし簡単なら、その辺の山は自販機だらけに

物の価値が異常に上下するバグ
富士山の自販機
普通の飲料が
400円～500円
通常の約5倍
なぜこのようなバグが成り立つか？
このような
特殊な条件に
よって飲料の
価値が異常に
高騰しているから
・山頂まで重い荷物を
持ち歩くのはキツイ
・登山では喉が渇き
飲み物が必要
・日本一高い山なので
登山客が多い
自分に有利なバグを見つけそこに
なけなしのリソースを投入する
こういったバグを目ざとく見つけるのが
私たちしょぼいゲリラの基本戦略

なっているはずですが、そうはなっていませんよね。
バグは、なかなか見つからないからバグなんです。

ところが一つだけ頻繁にバグが発生する場所があります。

それは、人の心です。

人は感情の生き物ですから、日々、ころころと変わる感情に流されながら生きています。

朝の満員電車で足を踏まれた。イライラ度数プラス10。しかし、見ていたスマホのいつものサイトに面白い投稿があった。イライラ度数マイナス20……という具合に、気分は常に変動しています。

要するに、**株式市場に例えると、人の感情の相場は不安定なのです。**バグが起きやすいのです。

それはつまり、「株を安値で買って高く売る」という、ゲリラには欠かせない戦術を使いやすいということです（タイミングを誤ると、逆に高値で買った株を底値で売る羽目にもなりますが)。

おわかりでしょうか。
われわれしょぼいゲリラは、人の心を武器にすべきなんです。

ここまでをおさらいしましょう。
われわれしょぼい個人でも大企業に勝てる時代が来た。
われわれの武器は、贈与である。
ポイントは、大企業と同じルールで戦わず、「バグ」を探すこと。
人の心に着目すれば、バグを見つけやすい……。

私が説きたいのは精神論ではありません。そうではなく、ビジネスにおいて強力な武器になる、心を動かす贈与論です。

■感情はうつろいやすく、バグを引き起こしやすい
■感情に着目した贈与戦術が効果的

ルールが変わったことに気づこう

本書の前提は、時代が変わったことです。**大企業など正規軍向きの時代が終わり、われわれしょぼいビジネスゲリラに向いた時代がやってきたのです。**

それは、メディアの変化によってもたらされました。

成功したYouTuberやブロガーが無数にいますが、彼ら彼女らって、どう見てもゲリラですよね。ＴＶ局とも出版社とも無関係に、個人単位で活動しているのですから。

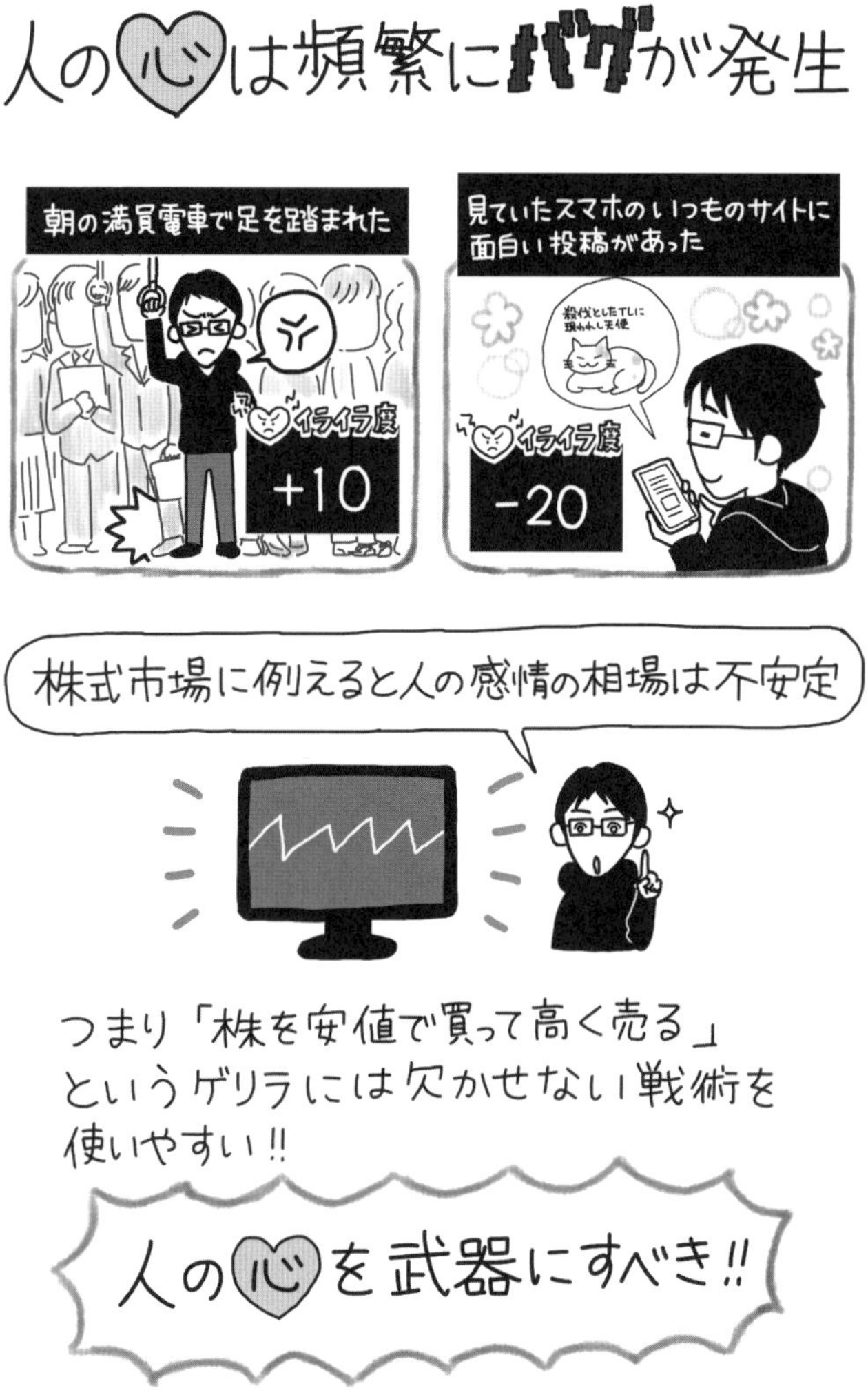
人の心は頻繁にバグが発生
朝の満員電車で足を踏まれた
イライラ度
+10
見ていたスマホのいつものサイトに
面白い投稿があった
殺伐としたTLに
現われし天使
イライラ度
-20
株式市場に例えると人の感情の相場は不安定
つまり「株を安値で買って高く売る」
というゲリラには欠かせない戦術を
使いやすい!!
人の心を武器にすべき!!

しかし、そういう人たちが活躍できるようになったのは最近です。

昔だったら、動画で自己表現したいと思ったら、大きな芸能事務所に所属したり、TV局や映画会社に入るしかありませんでした。文章で人を感動させたいなら、出版社に原稿を持ち込まなければいけませんでした。

つまり、昔は、正規軍として戦うという以外の選択肢がなかったのです。

でも、今はその必要がありません。

パソコン1台、いや、スマホ1台あれば、誰でも動画、音楽、文章を発信できてしまいます。ファンとの交流もできますし、お金もかかりません。もし必要なら、お金集めもネットでできます。

テクノロジーの進化のお陰で、ゲリラである個人が活躍しやすい時代になったということです。

この大きな変化を見落とさないでください。今は、ゲリラとして戦う選択肢ができているのです。正規軍に固執するのは時代錯誤です。

■ YouTuberやブロガーは、組織に頼らない「ゲリラ」
■ メディアの変化によってゲリラに有利な時代になった

SNSはゲリラの味方

なぜゲリラ向きの時代が来たのか？
それは、ＳＮＳが広がったからです。

これまでの個人には、個人として情報を発信する手段がありませんでした。組織に頼らざるを得なかったのです。

ですが組織の力を使うためには、大企業に入ったり、オーディションを受けて合格したり……といった、ルールにのっとった段階を経なければいけませんでした。牛耳っている偉い人たちのご機嫌取りも必要ですね。

つまり、情報を発信するためには時間も手間もかかったのです。

でも今はSNSがあります。個人でも手間をかけずにすぐに情報を発信できますから、今まで情報発信の機会がなかったゲリラたちも戦いに参加できるようになったというわけです。

「ヒロシです……」のネタで2000年代前半に一世を風靡したお笑いタレントのヒロシさんは、その後徐々に仕事が減り、半分引退したような生活を送っていたそうです。

というのも、ヒロシさんには刺さるフレーズを作ったりする芸人としての才能はあるのですが、しかるべき筋への根回しや偉い人へのあいさつ回り、その他多くの人々との絡みなど、芸能界でのルールを守ることが苦手らしいのです。

このように、正規軍の世界ではルールを守れない人は干されてしまいます。才能はあるのにもったいないですね。

しかしヒロシさんは、趣味であるキャンプの動画をYouTubeにアップしはじめたところ大ヒット。一躍人気YouTuberになり、その復活劇をつづった著書『働き方1・9君も好きなことだけして生きていける』（講談社）も好評です。

ヒロシさん以外にも、同じような理由で才能を発揮できていない人はたくさんいるはずです。


SNSはそういう人達には最適です。受け手に直接届けることができるからです。根回しとか、めんどくさいですよね。

偉い人の顔色をうかがうのって、嫌じゃないですか。


大丈夫。今はゲリラでも戦える時代です。

そういう人たちは、SNSを駆使して戦うゲリラになりましょう。

■ ＳＮＳが個人での情報発信を可能にした
■ 根回しが苦手でも才能を発揮できる

チャンネルが増えてきた

ゲリラ向きの時代になったのにはもう一つ、別の理由があります。チャンネルが増えたからです。

テレビに例えるならば、今まではキー局という正規軍がチャンネルを独占していました。視聴者たちは限られたチャンネルから選ぶしかなかったのです。

しかしネットの普及により、チャンネルは爆発的に増えています。テレビのチャンネルも増えましたが、YouTubeなどＳＮＳまで目を広げれば、チャンネルはより多様になっていることがわかるでしょう。

そして、今の人々は画一化された情報よりも多様なチャンネルを好みます。

私は塾をやっていたことがありますが、「最近のTVは面白い」という子供に会ったことがありません。みなYouTubeのほうが面白いと言います。

当然ですよね。

人の好みは多様ですから、選択肢が多いほうがいいに決まっています。スポーツが好きな人もいればアニメ好きもいるでしょうし、スポーツやアニメにもいろいろありますから、好みはさらに細分化されます。

そういった多様な好みを、少数のチャンネルに押し込めていた今までの時代に無理があったのです。YouTuberに人気が出るのは当然です。

人々が自分の興味のある分野に時間を費やすようになると、**組織よりも特定のジャンルに特化できる個人のほうが戦いやすくなります。**そういう状況を背景にして活躍しているのが人気YouTuberやブロガーたちです。

ほら、ここにもゲリラが有利になる理由があるじゃないですか。正規軍に入らなくても戦えるんですよ。

- 一人ひとりの好みに合わせてチャンネルが多様化した
- 特定のジャンルに特化できる個人のほうが組織よりも有利な場合も増えた

それでも正規軍は強い

さて、ここまではわれわれしょぼいゲリラでも戦える時代がやってきた理由を解説してきましたが、残念ながら、依然として正規軍が強いことには変わりありません。

だって、リソースが違いますから。

たとえばテレビ局とYouTuberを比べてみましょうか。

一本あたりの動画に使えるお金はどう考えてもテレビのほうが数十倍も数百倍も上ですし、プロのカメラマンや構成作家、芸人やタレントを使えるため、番組の質も高い。宣伝力や配信力も、われわれ個人とは比べ物にならないくらい大きいでしょう。権威があるため人の協力も得やすいですしね。

ゲリラが強くなったといっても、今までは勝負にならなかったのが、場合によっては勝負ができるようになったくらいの話です。そこは勘違いしないでください。

ゲリラは楽じゃないんですよ、今も。


でも見方によっては、ゲリラは楽な商売でもあります。

私は一度も企業に就職せずに、リサイクルショップやイベントバー「エデン」の経営といったしょぼい起業で食っていますから、一度も正規軍に所属したことがない、生まれながらのゲリラです。

私がゲリラとして野に下ったのには大した理由はありません。就職活動が嫌だったのと、朝起きるのが苦手だからです。

しかし、私のような人は多いと思うんです。

正規軍たる企業の一員として毎日会社勤めをしている人の中にも、内心では「満員電車はもう嫌だ」「あんな上司に頭を下げたくないな」と感じている人は少なくないのではないでしょうか。

ゲリラも楽じゃないですが、正規軍も大変だということですね。

正規軍は強いが、ゲリラでも方法を選べば戦えるようになった現代。

だから私は、気楽なゲリラをお勧めしたいと思います。もちろん起業してもいいのですが、ポイントは、正規軍の内部でゲリラになる手もあるということです。

その方法も、これからお伝えします。別に今すぐ会社を辞める必要はないんですよ。

■ リソースが多い正規軍が有利であることは変わらない

■ 今の時代、正規軍も大変

■正規軍に所属しつつゲリラになることも可能

限られたリソースを集中する

私たちしょぼいゲリラが今なお強大な正規軍に立ち向かうための原則の一つは、限られたリソースを分散せず、集中することです。ただでさえ少ない戦力をダラダラと逐次投入して消耗するのが最悪の戦略です。

いかにも、私たちしょぼいゲリラは貧乏です。私たちの持つリソースは、金にせよ人材にせよ、正規軍の数百分の一、せいぜい十数分の一といったところでしょうか。

正面からぶつかったら一瞬で負けます。

じゃあ、どうするか?

戦力を集中するのです。

中国建国の父として知られる毛沢東（1893〜1976）は歴史上もっとも有名なゲリラと言っても間違いではありませんが、著書『抗日遊撃戦争論』（中公文庫）でこのような言葉を残しています。

「大きい力を集中して、敵の小さい部分を攻撃する」。

どういうことでしょうか。

敵である正規軍の戦力が1000人で、対するわれわれの戦力が10人としましょう。敵は戦力を200の部隊に分け、5名の部隊×200となって攻めてきます。

われわれも正規軍の真似をして、10人の戦力を均等に分けたらどうなるでしょう？　どこを攻めても1人vs5人の戦いですから、一瞬で葬り去られます。

しかし仮に、200ある敵の部隊のうち199は無視して、残りの一部隊にこちらの全戦力、つまり10人全員をぶつけたらどうでしょうか。こちらは10人であちらは5人ですから、少なくともその戦闘では勝利でき、**少なくとも一つ「正規軍に勝ったぞ」という事実が生まれます。**

これが大事なのです。つまり、戦力の集中です。

ゲリラは戦力が少ないからこそ、勝利の可能性がある戦場だけに持てるリソースをすべて投入しなければいけません。

それじゃ他の戦線で負けてしまうではないかって？

そんなこと気にしても意味がありません。戦力をバランスよく配置してもすべての戦場で負けるだけです。でも、一か所でも勝利できれば次につながります。

具体例を挙げましょう。

私ははじめての著書『しょぼい起業で生きていく』（イースト・プレス）を出したと

き、どうやって本を売ろうか考えました。本は出すだけではなく、その後の宣伝や告知が大切です。

しかし悲しいかな、私はしょぼいゲリラですから、正規軍のような宣伝費用はありません。この場合の正規軍とは、大手事務所所属の芸能人とか、芥川賞を取った作家とかですね。そういった正規軍では多くの営業マンやＰＲ会社が各種マスコミに本を売りこんだり、電車に広告を出したり、イベントを開いたりして本の宣伝をするわけですが、私には無理。

いや、厳密にいえばしょぼい規模なら真似できるかもしれませんが、それは戦力の分散でしかありません。勝てるわけがない。

そこで私は、リソースを一点に絞ることにしました。書店へのあいさつ回りです。本を売るのは書店員さんですから、あいさつ回りは馬鹿にできません。書店のいい場所に本を置いてもらえれば、ぐっと売れやすくなります。

しかも書店回りなら私でもできますし、忙しい著名人は意外と疎かにする部分でも

戦力の集中
ゲリラ軍
戦闘力： 10
VS
正規軍
戦闘力：1000
正規軍の真似をして10人の戦力を均等に分けると
1人×10部隊
Lose…
5人×200部隊
199を無視して残りの一部隊に10人全部ぶつける
10人全部ぶつける
Win!
ここだけねらう
残りは無視！
正規軍に勝ったぞ――!!
戦力の集中が大事!!
ゲリラは戦力が少ないからこそ
勝利の可能性がある戦場だけに
持てるリソースを全て注力しなければ
いけません

あります。

つまり、書店回りだけなら私が勝てる可能性がある。

だからそこにすべてのリソース（時間と体力）を投入しました。100以上の書店を回ったのではないでしょうか。

効果はばっちり。派手な広告を打った本ではありませんでしたが、発行部数は4万部を超えました。やはり書店回りが効いたのです。

これは一例でしかありませんが、ゲリラの戦い方を考える上では非常にわかりやすい例だったと思っています。

まんべんなく、バランスよく戦力を投入するのは、われわれゲリラにとっては絶対にNG。**勝てる戦場を探し出し、そこにすべてのリソースをつぎ込みましょう。**これがゲリラの戦略の基本です。

■ リソースが少ないゲリラは、リソースを一か所に集中的に投入しなければいけない
■ バランスよくリソースを投入してもすべての局面で負けてしまう

決断は素早く行う

ゲリラの戦略で大事なことは他にもあります。

ひとつには、**とにかく素早く決断することがあります。**チャンスの女神には後ろ髪はないのです。

ビジネス書ではよく耳にする言葉ですが、これも精神論じゃありません。ちゃんと理由があります。というのも、われわれゲリラは正規軍に対し、スピードだけでは勝ることができるのです。

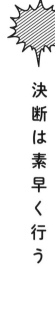

莫大なリソースを誇る正規軍ですが、図体が大きいぶん、意思決定に時間がかかるという弱点があります。

たとえばTV番組をひとつ作ろうとしたら、企画書を書き、タレントやロケ地を探し、スポンサーに営業し……とたくさん準備することがあり、時間がかかります。もっとも、その見返りとして強大な戦力を手にするのですが、準備をしている間に旬が終わってしまうケースも少なくありません。

しかし、YouTubeに動画を上げるだけなら、30分もあれば十分です。もちろんTV番組並みのクオリティは無理ですが、スピードなら圧倒的に勝ちです。

先ほどの著書の例をまた出すならば、私が書店回りをしている間にも、もちろん出版社の人たちもルールにのっとった営業はしてくれていました。ただ、個人単位で勝手に動くわけにはいかないので、時間がかかるんです。

それに、どれほど熱心でも土日は休みですから、盆も正月もないわれわれよりはどうしても遅くなります。

もちろん正規軍に所属する人たちが休みを取るのは、長く組織を続けるためには欠かせません。でも、われわれはゲリラですからそんなことを気にしなくていいんです。瞬発力とスピードが武器です。

そしてここに勝機が生まれるのです。**あらゆる面で正規軍よりも不利なわれわれゲリラですが、スピードなら負けません。**

いちばんまずいのは、この優位を活かせないことです。慎重になるあまりスピードを失ってしまっては、正規軍と同じ土俵に立つことになります。それでは勝ち目がないことは、何度も確認しましたよね。

織田信長が今川義元を破った桶狭間の戦いでは、戦力的には今川側が圧倒的に有利だったのですが、上手く奇襲のタイミングをとらえた信長が勝利しました。いうまでもなく、信長は独断型のリーダーです。もし信長がのん気に周囲の意見を聞いていたら、今川にボロ負けしていたでしょう。

ゲリラは即断を大切にしてください。それは独裁が重要だということにもつながるのですが、それは組織論ですから、3章で改めてお伝えします。

■ 正規軍は判断と準備に時間がかかる
■ スピードは、ゲリラが正規軍に勝てる数少ない要素

失敗を恐れる必要はない

「スピードを大事に」というと、決まって「それでは失敗してしまいます」という反応が返ってくるのですが、確かにその通り。準備の時間が少ないわけですから、失敗のリスクはあります。

しかし、です。ここも重要なのですが、そもそもわれわれしょぼいゲリラには失敗

を恐れる理由がないのです。

なぜなら、ゲリラには失うものがないからです。ビビる必要はないんですよ。

なぜ失敗が怖いかというと、失うものがあるからですね。評判が落ちるとか、利益が減るとか、ともかく何かを失うから失敗したくないわけです。

しかし、**そもそもわれわれに失うものがあるでしょうか？**

よく「炎上してしまうのが怖いんです」という相談を受けるのですが、落ち着いて考えてみてください。あなたに炎上するほどのファンがついていますか？　視聴者や読者が全然いない人が炎上することはありません。

せめて炎上する火種が集まってから炎上の心配をしましょう。得る前に失う心配をしていたら、一歩も動けません。

しかし正規軍にとっては、失敗は大変なリスクです。個人がYouTubeにアップした動画が炎上しても大した損害はありませんが、企業のＣＭが炎上したら大変なダメージがあります。金銭的損害も莫大ですし、スポンサーへの謝罪や各方面への補償に人手も割かなければいけません。

だから正規軍は保守的にならざるを得ないのですが、**ここはわれわれゲリラが付け入ることができる、正規軍の弱点です。**

言いましたよね。敵の弱点に、リソースを集中する。それが勝利への道です。

■ 失敗を恐れて慎重になる必要はない
■ ゲリラは失敗で失うものがない
■ 大組織は失敗のダメージが大きい

身軽だから撤退も簡単

失敗を恐れずにスピードを重視すべき理由には、ゲリラは身軽だから撤退も簡単、という点もあります。

失敗を恐れる必要はないのですが、失敗しないに越したことはないですよね。だから、もし「あ、この戦いは分が悪いな」と思ったら、さっさと引き上げてしまいましょう。組織がコンパクトで動きが早いゲリラにはそれができるのです。

正規軍はそうはいきません。組織が大きいほど、全体に「慣性」のような力が働きますから、引き返すことが難しくなるんです。いろいろなしがらみもできますし。旧日本軍がそうでしたよね。みんな内心では「この戦争はヤバいよなあ」と思ってはいるものの、一度はじめちゃったら止めるのが大変。

でも少人数のゲリラなら、ヤバそうならすぐに撤退なり方向転換なりができます。

コストが低く、サイクルが短いのがゲリラです。

したがってゲリラの基本戦略は、ひたすらトライ&エラーということになります。

あまり考えすぎずに、失敗を恐れずに、正規軍が動きだす前に、とりあえずやってみる。行動する時には一か所にリソースを集中する。ヤバそうならば撤退する。

これを繰り返していけば、ひとつぐらいは勝利を得られるはずです。

最初はダメでも、いろいろなことに手を出しているうちに、やがて勝率は上がってくるでしょう。一番よくないのは、正規軍並みに慎重になってしまうことです。

じゃんじゃん攻撃していきましょう。

すると、ある日突然勝利が舞い込みます。

さて、重要なのはここからです。勝ったことの宣伝をしなければいけません。喜んでいる場合ではないんです。

■ゲリラは身軽なので撤退が簡単
■トライ&エラーを繰り返すのがゲリラ戦略の基本

宣伝に注力する

リソースを集中して局所的に勝利を狙うのがゲリラの基本だとお伝えしました。他の戦線はボロ負けでもいいので、とにかく一回は勝つ。それが重要です。

なぜなら、一度でも勝利したという事実があると、その事実がどんどん波及するからなんです。

正規軍がゲリラに勝つのは当たり前すぎるので、大して話題にはなりません。でも、

「あのゲリラ、〇〇軍に勝ったらしいぜ！」

という情報は物珍しいので急速に広まるのです。

だから、ひとつでも勝利を手に入れたら直ちに宣伝に全力を注ぎましょう。歴史に名を残しているゲリラの指揮官たちは、みな宣伝上手でした。宣伝をすれば強力さが増え、次の勝利につながります。だから宣伝は、勝利そのものよりも大切なんです。

たとえば私の場合、前著『しょぼい起業で生きていく』が4万部を突破したことが勝利の一例です。書店を回りまくるというゲリラ戦でなんとか部数を伸ばしたわけですが、それだけで満足せず

「4万部を突破したぞー！」

と言って回るということですね。するとその勝利の勢いが他の戦線にも波及し、全体として戦いが有利になるのです。

これ、大事です。

■　勝利を得たら、その勝利を宣伝する
■　ゲリラの勝利は珍しいので拡散しやすい

宣伝に一人歩きさせる

そして宣伝を行う上で有用なのがＳＮＳです。

宣伝といっても、われわれがしょぼいゲリラであることは変わりありませんから、宣伝広告費はないわけです。だからＳＮＳを使うのですが、ＳＮＳには「たくさんの人間が、いつでもアクセス可能」という他の広告にない特徴があり、これが効くんです。

ここがポイントなんです。**「勝利の事実を、誰でもいつでも目に触れるようにしておく」ということです。**

歴史上の成功したゲリラは、この宣伝方法を必ず採用していました。たとえば最近なら、敵の戦車をロケット弾で撃破した映像をネットにアップロードしておく、などです。

ぶっちゃけ、戦車を一両失ったくらいでは正規軍は痛くも痒くもないのですが、ネット上に情報が置かれているといろいろな人の目に触れます。そしてその映像の中ではゲリラが勝っているので、本当は例外的な「ゲリラの勝利」という事実がどんどん増幅されていくんです。

これは古典的なプロパガンダとは少し違って、公共の、人の目に触れる場所に置いておくことで勝手に拡散することを狙う手法です。

手間がかからないので、ゲリラ向きですよ。

■勝利を手に入れたら、それを宣伝する

■SNS上に勝利の情報をアップしておくと自然と拡散する

ゲリラ向きのリソースは「人」

さて、われわれしょぼいゲリラの基本戦略について解説してきた本章ですが、最後にもっとも大切なことをお伝えしようと思います。

それは、ゲリラ向きの武器（リソース）とは何か、ということです。

ゲリラ向きの武器と正規軍向きの武器は違います。

正規軍は戦車や空母、爆撃機といった、大きくて破壊力がある兵器を使います。使いこなすだけのリソースがありますからね。

ゲリラはもっと小型の兵器、たとえば小銃やロケット弾、携帯できる小型ミサイルを上手く使って正規軍に立ち向かいます。

ビジネスでも同じことが言えます。

しょぼいゲリラにとって一番まずいのは、正規軍の真似をすることです。仮にゲリラが大枚をはたいて戦車を買ったとしても、動かす人員もガソリンも弾薬もありません。動かしたくてもお金が持たないでしょう。正規軍向きの武器をゲリラが手に入れても、かえってマイナスになるだけです。

ビジネスの場合なら、金やモノは正規軍向きですね。もちろんゲリラにも金やモノは必要なんですが、こういった武器で正規軍に勝つのはまず不可能です。

しょぼいビジネスゲリラに向いた武器は、小型兵器と同じです。すなわち

・高くない
・一人、ないし少人数で扱える
・小型で取り回しがいい
・使い方によっては大きな威力を発揮する

ものが理想です。

さて、何でしょうか？

……**答えは「人」です。**人間はゲリラ向きのリソースなんです。

お伝えしたように、私は『しょぼい起業で生きていく』を売ろうと思ったときに、書店回りをしました。正規軍があまり力を入れないことだったのも理由ですが、実はもう一つ、「人」という武器を使えるからでもありました。

書店回りをしたのは、書店の店員さんにあいさつをするためでした。本をどこに置くのかを決めるのは売り場の店員さんなので、彼らを味方にしようとしたんですね。

店員さん、すなわち「人」です。

人を味方にすることにはお金はかかりません。いや、お金をかけて味方にしてもいいのですが、無料で味方につけることも可能だということです。

思い返してください。みなさんにも友人知人という味方がいることと思いますが、彼らを味方にするのにお金を払いましたか？　払っていないでしょう。

人間は感情の生き物です。「こいつ、面白いな」「意外といいヤツかもね」と思わせることができれば、人は味方になってくれます。そして、感情を好転させることには、まったくお金はかかりません。

だから人は、ゲリラ向きのリソースなんです。

■「人」はコストがかからないため、ゲリラ向きの武器

■感情に訴えることで人を味方につける

金よりも感情に訴える

勘違いしないでほしいのですが、人というリソースを武器にできるのはゲリラの特権ではありません。正規軍は金や物だけでなく、人の質・量でも圧倒的です。一流企業を思い浮かべてください。

ですが、ここでも「正規軍のやり方を踏襲してはいけない」という原則が顔を出します。正規軍とわれわれゲリラとでは、人を味方につける方法が違うんです。

正規軍は金を使って人を味方につけます。いわゆる雇用というやつですね。月20万なりを給料として支払う代わりに、1日8時間とか、限定された時間だけ労働者を味方にします。

しかし、われわれ貧乏なゲリラはこの手段は使えません。いくら人が武器だといっても、間違っても人材派遣会社に電話したり、新卒社員を募集してはいけません。正規軍と同じルールで戦ってはダメなんです。

われわれ貧乏なゲリラは、お金をほとんど使わずに味方を集めなければいけません。だから感情に訴えることで味方にするんです。

しかし、具体的にはどうすればいいのでしょうか？

ここで「贈与」が出てきます。**感情に訴えかけ、人を味方にする手段としてもっとも強力なのが、贈与なのです。**

■ 人を味方にするのに金を使ってはいけない

■ 味方につける手段が「贈与」

第2章

しょぼい贈与論 2.0

安く買って高く売る

「贈与」というと人に物やお金をあげることを想像されるかもしれませんが、私はこの言葉をもっと広い意味で使っています。

一言で表現すると、贈与とは「人の心をつかむための投資」です。

贈与には二つのポイントがあり、ひとつは目的が人の心をつかむことである点。もうひとつは、投資である点です。

人の心をつかむことが重要であることは、繰り返し述べましたね。お金のないしょぼいゲリラにとっての最大の武器が、低コスト（場合によってはタダ）で動いてくれる協力者です。その協力者を得るために贈与をするのですが、もうひとつ見逃してはいけないポイントが、贈与とは投資であることです。

投資とは、将来的に自分の資本を増やすために、今の資本を投じることです。株の購入がわかりやすい例ですね。将来に株価が上がることを見込んで安いうちに株を買い、高くなったら売るというわけです。

つまり、**「安く買って高く売る」ということが投資の基本であり、私が主張する贈与の基本でもあります。**

さて、この原則は人の心を対象とした贈与にも当てはまります。

いくら有力だといっても、総理大臣に贈与をして味方につけるのは無謀すぎます。それは、総理大臣が、株に例えると「高値」だからですね。高すぎて買えません。

しかし、ペーペーの若手議員なら総理大臣よりは近づきやすいですから、贈与によって「買う」ことが可能かもしれません（買収という意味ではないですよ！）。彼・彼女が将来的に総理大臣になってくれれば、つまり株価が上がれば、投資は成功です。

今はまだ手ごろだけど、将来に期待できる無名の新人を見つけて投資する。これは基本戦略のひとつです。

■安い投資で高い利益を手に入れるのが贈与の基本
■将来的に価値が上がりそうな人を狙って贈与する

一時的に価格が落ちた時を狙う

もうひとつの基本戦略は、**不意に「株価」が下がったタイミングを狙って安く買い、価格が戻ったら高く売る、**というものです。私がいう「バグ」を突くということですね。

スキャンダルなどで企業の株価が急に下がることがありますが、こういうタイミングを狙って安くなった株を買う手法があります。それを実生活に応用するわけです。

すると、普段ならとてもしょぼい贈与が効果を発揮しないような人気者にも影響を及ぼすことができます。

たとえば、人気YouTuberの心を贈与でつかむのは簡単ではありません。なにせ人気者ですから、あちこちから高価な贈与を貰っているに違いありません。われわれが贈れるようなしょぼい贈与では心は動かないでしょう。

しかし、炎上したりスキャンダルで人気が落ちたりしたタイミングなら、ちょっとした贈与でも心が動かされるものです。それに、そういう人気下落はあくまで一時的なもので、すぐに復活します。大企業の価値がそう変わらないのと同じですね。だから、味方につける意味は極めてでかい。

投資はタイミングなのです。

■「高値」の対象は炎上などで一時的に安くなったタイミングで投資する
■価格下落は一時的なものなので、投資効果は抜群

感情を観察しろ！

例を挙げましょう。

以前、近所に猫好きの年配の女性が住んでいたのですが、彼女の猫が死んでしまうということがありました。彼女とは特に親しかったわけではなく、あいさつをするくらいの間柄だったのですが、悲しんでいるだろうと思った私は花を買い、彼女に届けました。これは贈与行為です。

私が買ったのは数百円くらいの安い花なのですが、それを受け取った彼女の感激といったら、少しこちらが戸惑うくらいでした。

もちろん、私には戦略的な贈与とか投資とかいう狙いは無く、なんとなく花をプレゼントしただけなのですが、このエピソードを投資という観点から分析すると、ものすごく効率がいい投資だったといえます。

だって、普通、たった数百円で人を感激させることはできませんよね？　人を感激させられるプレゼントの相場は、まあ、安くても数千円から数万円にはなるでしょう。

なぜこんなに効率のいい投資（贈与）ができたのか？

それは私が、彼女の感情を観察していたからです。

何も起こっていない状態の彼女にいきなり安い花をプレゼントしても特に喜ばれはしなかったでしょう。むしろ不審がられてマイナスだったかもしれません。

しかし私が花を贈与したのは、彼女の愛する猫が死んだという、彼女の感情が強く共感を求めているタイミングでした。だから投資効率が急激に上がったのです。

人間の家族が亡くなったならともかく、ペットが亡くなってもあまり同情はされないようなのです。大規模なお葬式も出しませんし、お悔やみを言われることもありません。動物好きの人たちは孤独の中で、ひとり悲しみと向かい合うしかないようです。

ですから、そのタイミングで贈与された安い花束は、彼女が渇望している「共感」そのものだったんですね。

満腹の人に食べ物を贈っても迷惑なだけですが、空腹ならビスケット一枚でも忘れられないはず。贈られるモノの彼女にとっての**主観的な価値が極端に増大したタイミング**を狙って贈与したから効果的だったんです。

そしてそのタイミングを見計らうには、感情に注目するのが一番良いのです。

- 不意に投資効率が上がるバグを狙って投資する
- 感情に注意していると、投資効率が上がった瞬間を見極められる

相場が狂うバグを狙う

かつては投資家のことを「相場師」などと呼びましたが、私の考えでは、しょぼいビジネスゲリラはみな相場師にならなければいけません。

そして相場師の贈与の基本は、相場を守らないことです。

相場を守るほど投資効率が悪いことはありません。

たとえば結婚した人には、「御祝儀」という贈与戦略が使えます。ご祝儀には、友人なら3万円、職場の知人なら2万円というふうに相場があります。

この相場に沿ってご祝儀を送ることは贈与であり、投資でもありますが、はっきり言って効果はゼロです。送らないと顰蹙を買いますが、送ったからといってプラスはありません。

なぜなら、他にもたくさんご祝儀を送る人がいるからです。相場に従った投資では差別化ができません。

しかし、相場に従わず、相手にとってご祝儀の価値が急騰するタイミングや方法、つまりバグを見つけられれば、投資は効果的になります。

たとえば、ご祝儀とは別に手作りのプレゼントを渡せば、相手は喜んでくれるでしょう。型通りのご祝儀には飽きているでしょうから、手作りのプレゼントが特に大きな意味を持つためです。

バグが起こると物の価値が狂います。

今言った手作りのプレゼントに5000円かかったとしましょう。ご祝儀が3万円なら、30000円＋5000円＝35000円です。相場に従って客観的に考えるならば、手作りのプレゼントを渡すことは、ご祝儀を5000円多く渡すことと同じでなければいけません。

でも、明らかに違いますよね。実質5000円の手作りプレゼントで感激する人はいても、ご祝儀が5000円増えただけで感激する人はいません。

それは、**プレゼントは感情に訴えるけれど、ご祝儀に5000円追加することは感情的に意味を持たないからです。**バグとは、感情の変化によって客観的価値が狂い、投資効率が急騰する瞬間、とも定義できます。

■ 相場に従った投資は効率が悪い
■ 感情を揺さぶる「バグ」が起こると、物の客観的な価値が狂う

感情は感情で動かす

効果的な贈与をするためにはバグを引き起こす必要があり、バグは感情の変化によって引き起こされることがわかりました。

残る問題は、どうやって相手の感情を動かすかですね。

あなたが売り出し中のミュージシャンだとして、ファン相手に効果的な贈与をしようと考えたとします。しょぼいミュージシャンなのでお金はありませんから、安くても大きな価値を持つ贈与方法を、つまりバグを探らなければいけません。

ペットを失った女性の気持ちに寄り添うことで効果的な贈与ができた例を挙げましたが、ファンの中にペットに死なれたばかりの人はまずいないでしょうから、もっと一般的なケースを探したほうがよさそうです。

ファンはいったい、ミュージシャンに何を求めるんだろう……。

キーワードは、**「個人的な感情をぶつける」**です。

こちらも個人的な感情を相手にぶつけると相手側に共感が生まれ、贈与の価値が急騰します。感情を動かすには感情が一番ということですね。もちろん、攻撃的な感情をぶつけても否定的な反応しか出てこないのですが、好感情を投げかければ、普通は好感情が返ってきます。

先ほどの猫の例なら、「悲しい」という先方の感情に、私が「可哀そうだな」という個人的な感情を花という形で贈与したので喜んでもらえたのです。

■感情は、個人的な感情をぶつけると動かしやすい
■好感情を投げかけると、好感情がかえってくる

ＳＮＳで感情を贈与する

ミュージシャンがファンに向ける個人的な感情といえば、もちろん「ありがとう」でしょう。**ただ、その感情をどう贈与するのかが問題です。**

ブログに一言「いつも応援ありがとう！」と書いても、ファンは喜ばないでしょう。これは感情の発露ではあっても個人的じゃないので、ありがたみがないんですね。

だから個人的なやりとり、たとえば手紙なんかがベストなんですが、ファンに手紙を書くのは手間からいって現実的ではない。第一住所がわかりません。

そこで、ＳＮＳの登場です。

「Twitterでもインスタグラムでもなんでもいいですが、一言メッセージを残したり、ぽちっと「いいね！」を押すだけでも、ファンは「直接コミュニケーションがとれた！」と喜ぶはずです。

これも一種の贈与です。贈与は物のやりとりを伴うとは限りません。そして、指を動かすだけですから、コストも時間もかからない贈与でもあります。

したがって、この意味でもSNSはしょぼいゲリラ向きの武器なんですね。

私が注目しているミュージシャンに、岡崎体育さんがいます。彼はファンへの贈与が非常に上手いんです。

たとえば、彼はTwitterに「岡崎体育がいいね押すためだけのアカウント」というアカウントを作り、その名の通りひたすらファンの投稿に「いいね！」を押しまくりました。これは、岡崎さんからの個人的な感情の贈与ですから、ファンは喜びます。

こういう日々の贈与が、岡崎さんを今の地位に押し上げたのではないでしょうか。

ちなみに岡崎さんが上手いのはこれだけではありませんので、後ほどまた分析してみます。

今はＳＮＳのお陰で、気軽に贈与ができる時代になりました。ネットを活用すれば圧倒的に効率のいい投資ができるのです。「いいね！」を戦略的に活用してください。

■相手の感情に自分の肯定的な感情を投げかけると喜ばれる
■個人的に感情を伝える
■ＳＮＳは物を介さない贈与に便利

飢えた相手を探す

感情で感情を動かす、などというと自己啓発書めいてきた印象を受ける方もいるかもしれませんが、私はお説教臭い精神論を言いたいのではありません。あくまでドライな戦略を描こうとしている点、誤解なさらないでください。

だいたい、私は人の感情を理解するのがとても苦手なんですよ。昔から、自分には想像力がないなあと思ってきました。

その私が「感情に注目せよ」などと言えるのは、**他人の内心を想像することを放棄して、行動だけに注意しているからです。**「あの人は何を考えているんだろう」などと根拠のない想像を巡らせるのは、時間のムダです。それよりは、法則化しやすい行動を分析すべきだと思っています。

駆け出しのYouTuberが一生懸命動画を配信しているけれど、ぜんぜん視聴者がおらず、投げ銭もゼロ。一般にこういう状況に置かれたYouTuberは、共感を渇望します。

バグの発生です。飼い猫を失った人が同情に飢え、富士山山頂の登山者が喉の渇きに苦しむのと同じです。つまり、「飢え」によって物の価値が異様に高騰しているのです。

私はそんな機会を見逃さず、100円くらいを投げ銭します。たった100円ですが、共感に飢えた相手にとってはものすごく強い印象を残すでしょう。将来、人気YouTuberに育ったときに、大きな利益があるかもしれません。

でも、人気が出ないままだったら100円が無駄になるんじゃないかって？

とんでもない。

人気のないYouTuberのうち、まあ9割は人気が出ないままでしょうが、1割くらいは人気YouTuberに育ちます。

100人に一人100円を投げると、100円×100＝1万円。

安くはありませんが、1万円で人気YouTuber10人を味方にできると考えると、すごいことだと思いませんか？　だって、人気YouTuberに1000円を投げ銭しても、まず無意味でしょう。100倍、1000倍のお金がかかるはずです。

なぜなら、相手は飢えていないからです。満腹の時に「御馳走するよ」と言われて喜ぶ人がいますか？

贈与をするときに、ことさらに相手の感情に立ち入る必要はありません。何かに飢えた人間を見つけ、**相手が何に飢えているのかをドライに推測**できれば、戦略的贈与は成功したも同然なのです。

何らかの感情に飢えた人間を探してください。効果的な贈与ができるはずです。

■ 感情に飢えた人間への投資は効果的

■ 相手の感情に立ち入らず、ドライに推測する

大きさよりも頻度が大事

私はいつも、「贈与は金額じゃなく頻度だ」と言っています。

大きな贈与をドーンと与えるよりも、小さな贈与をこまめに与える方がよいのです。**贈与は細かく刻め、がポイントです。**

心理学に**「単純接触効果」**という考え方があります。これは平たく言うと、何度も接触する相手や物には好意を抱くようになる、という理論です。

したがって、仮にAさんへの贈与の予算が1万円だとするならば、1万円のプレゼントを1回だけするよりは、100円の缶コーヒーをちょくちょくおごり続けるとか、そのくらいのほうがいいでしょう。

だいたい、いきなり高額な贈与をされても不審がられるだけです。贈与の金額が小さいことは、

・回数を増やせるため単純接触効果を狙える
・リソースをケチれる
・相手に警戒されない

といいことずくめなんです。

今はわかりやすいように金額で表現しましたが、お金と関係のない贈与でも同じです。急に、全身全霊で好意を示されてもキモイじゃないですか。それよりは、2週間に一回、SNSで「いいね！」を押すとか、細かく刻んだほうがいいのです。ビジネスゲリラはマメじゃないといけません。

■贈与は一回の大きさよりも頻度が大切
■贈与を継続すると単純接触効果による高感度アップが狙える

贈与しやすい理由を探す

あと、贈与はタイミングも大事ですね。いくら少額の贈与といっても、突然渡すのは不自然です。いきなり缶コーヒーを貰ってもビビるじゃないですか。

贈与は、理由がつけられるタイミングを見計らって行いましょう。私が猫を失った人に花をあげた例もそうですが、外回りから帰ってきて喉が渇いてそうだから飲み物をあげる、とか。

イベントを利用するのは手堅いやり方ですね。

男でも、バレンタインデーにお菓子を配るなんていいと思います。ホワイトデーに配るのは普通なので、ルールに、つまり相場に従った贈与でしかありませんが、バレンタインデーに配るのは「こいつ、面白いな」というバグを期待できます。

ちなみに私は今年のお正月、50人くらいにお年玉を配りました。私はいま28歳なのですが、年上の仕事関係者でも関係なくお年玉をあげまくってしまうのです。まあ、お年玉といっても1000円くらいなのですけれどね。

しょぼいながらもちゃんとポチ袋にも入れます。名前が書かれていると断りづらいし、お年玉はみんながもらった経験があるので、つい受け取ってしまうようです。

多くの人が面白がってくれ、その後の仕事につながったケースもたくさんありました。効果的な贈与です。

このように、贈与に理由が必要なのには、ひとつは相手が自然に受け取れるからですが、こちらが偉そうにならないということもあります。どんな贈与も、上から目線では台無しですから。

それから、感情について論じたときにも触れましたが、贈与は個人的に行うほうが効果的です。旅行のお土産のお菓子を配るなら、オフィスに箱ごと置いて「ご自由にどうぞ」でもいいのですが、それよりは一人ひとりのデスクの上に置いたほうがインパクトは大きいでしょう。

■理由がつけられるタイミングで自然に贈与する

■贈与は個人的に行ったほうが効果的

贈与はモノと金だけじゃない

ここまでは、話をわかりやすくするために金やモノを贈与する話ばかりをしてきましたが、贈与は金とモノには限りません。

たとえば、朗らかで気持ちがいい人格は、それだけで周囲への贈与になります。だって、周囲は明らかにプラスの効果を受け取れるわけですから、これは贈与でなくして何なのでしょうか。

逆に、不機嫌でいることは、それだけでマイナスの贈与ですね。金や物をバラまいていたとしても、帳消しになってしまいます。

これらも、相手の感情への贈与と言えるでしょう。感情への贈与は見落とされがちな上お金もかからないので、われわれしょぼいゲリラには最適なのです。ゲリラは人格者でなければいけません。

よくビジネス書などでも人格が高潔であることの大切さが説かれています。そういう主張はどうしても胡散臭い精神論に聞こえてしまうものですが（実際そうなのかもしれませんが）、**本来は、高潔であることは持たざる者にとって極めて有効な武器だったはずです。**

そして、それは今も変わっていません。

ビジネスゲリラにとって、人格者であることはドライでリアルな戦略であり、即効性のある武器でもあるのです。

- 金やモノ以外に、周囲にプラスになることはすべて贈与
- 人格が高潔であることは元手のかからない贈与

主観的価値と客観的価値の落差を突く

贈与の基本は相場が狂うバグを狙うことだ、と繰り返し述べていますが、**よくバグが発生するのが、主観的な価値と客観的な価値のズレが表面化した瞬間です。**

物の価値には主観と客観の二つの面があります。客観的には安い腕時計でも、初恋の人からのプレゼントなら、主観的な価値は無限大に大きくなるでしょう。

もっとも、ここまでのズレが表面化するケースはまずありません。だから世の中には相場が存在し、相場に従ってビジネスが行われているわけですが、ごくまれにズレが生じるわけですね。

主観的価値と客観的価値のズレ方には二つのパターンがあります。主観＞客観か、客観＞主観かという違いです。

とはいえ、客観的な価値が主観的な価値よりも大きくなるパターンはまず起こりません。客観的な価値はまず変動しないからです（というか、変動しないからこそ客観的なのです）。少なくとも、私が注意を払っている感情との関係では、このパターンは少ないようです。

多いのは、主観的な価値が増大し、客観的な価値を大きく上回るパターンです。

先ほどの腕時計の例がそうですし、本書で繰り返し登場する、愛猫を失った女性のエピソードもそうです。彼女は、客観的にはゼロ円の（猫は無料で引き取れますから）猫に、巨大な価値を感じていたわけですね。

すると、価値の落差X、すなわち

落差X＝主観的価値－客観的価値

が巨大化します。

人には客観的価値と主観的価値をできるだけ等しくしようとする心理が働くらしいのですが、客観的価値は変動しませんから、Xが大きいと心理的なストレスが生じます。これは、「自分が信じている価値を他人にも認めてほしい」という、一種の承認欲求です。

愛猫を失った女性なら「自分の悲しみを他人にも知ってほしい」と思うでしょうし、人気がないYouTuberは、自分自身による自分の主観的価値の高さと客観的な評価の低さとの落差に苦しみ、承認を渇望するでしょう。

出ました、渇望。

渇望があるところでは、物の価値が異様に高騰します。すなわち贈与のチャンスです。

主観的価値と客観的価値の落差に苦しんでいる人は少なくありません。そういう人に対しては、極めて効率がいい贈与ができます。

■ 主観的価値と客観的価値の差が生じるところでは贈与の効率が上がる

主観的価値と客観的価値のずれ 2パターン

客観 ＞ 主観

これはまず起こらない

客観的な価値はまず変動しない
（というか変動しないからこそ客観的）
少なくとも私が注意を払っている
感情との関係ではこのパターンは少ない

主観 ＞ 客観

多いのは主観的な価値が増大し
客観的な価値を大きく上まわるパターン

恋人からもらった時計

客観的にはゼロ円の
（猫は無料で引きとれますから）
猫に巨大な価値を感じる

価値の落差X　すなわち
落差X＝主観的価値－客観的価値が
巨大化

人は役割を求める

渇望といえば、人が普遍的に渇望するものに、「役割」があります。

一般に、人は怠けたいものだと思われています。働きたくない、動きたくない、外出たくない……まあ、間違いではないでしょう。何もせずにお金だけ入ってくる身分になったらどんなに嬉しいか、憧れている人も多いはずです。

しかし人は、100%怠けられる状況を与えられると、**つまり何もやらなくてもいい状態では、病むらしいのです。**

昔、私が生活保護受給者の支援をしていた時の話です。

私は受給者たちが何もせずにいられるように気を使いました。「何もしなくていいから、休んでいてください」と。

良かれと思ってやったことなんですが、それが良くなかったようです。なんとなく居心地が悪そうにしている人が多いんですね。どうしてかな、と当時の私は思ったのですが、今ならわかります。役割がなかったからです。

人は皆、自分の存在が世の中に役立っているという感覚を求めます。自分の存在意義を認めてもらうことに飢えているんですね。

普通の社会人なら、会社に不満を持ちつつも、仕事に自分の存在意義を見出しています。ですから仕事を失うと、存在意義を見失ってしまうのです。収入が無くなることよりもこちらのほうが深刻かもしれません。

引退したサラリーマンが急にボケるとか言いますが、あれは存在意義を見失ってしまった結果ではないでしょうか。専業主婦（主夫）は家事に存在意義を見出せますから、そんなことはないわけです。

ですから私は、積極的に人に役割を与えるようにしています。これは、役割＝存在意義を贈与していると見なすことが可能です。もちろん仕事をお願いしていることには変わりないので、一石二鳥でもあります。

役割は何でも大丈夫。難しいタスクである必要はありません。ちょっと買い出しに行ってもらったり、受付に座ってもらったり、あるいは単にニコニコしてその場の雰囲気を保つだけでもいいんです。

得意分野は人それぞれですから、人の存在意義にはいろいろな形があってよいのです。しかし、存在意義が見出せなくなると、人は役割を渇望するということです。

■ 人は役割を果たすことで存在意義を得る

「自分だけにできること」を探す

さて、だんだんと組織論に入ってきました。しょぼいゲリラとはいえ、一人だけで戦うわけにはいきませんから、組織づくりは大切です。

そして、組織論は、われわれゲリラと正規軍との違いが際立つ面でもあります。

正規軍にはたくさんのお金がありますから、「雇用」という形で協力者を得ることができます。しかしも正規軍志望者は多いので、採用試験をもうけて優秀な人間だけを選抜することが普通です。

われわれには真似できっこありませんが、やはり、やり方次第で対抗することは可能なのです。

しょぼいゲリラには採用試験をするような余裕はありません。来たもの拒まずで、協力してくれそうな人はすべて味方にしなければいけません。

すると、試験で一定規格に収まる新人だけを集める正規軍に比べると、ゲリラに集まる人材は多様になります。そして、「役割を果たしたい」というモチベーションに満ちています。

そういう人達を活かすには、

・できることを

・できる範囲で

頼むことです。正規軍のように過度な期待をしてはいけません。

私は前に、経済学者であるミルトン・フリードマン（1912〜2006）の未邦訳論文を訳そうと思ったことがあります。自分で訳す余裕はないのですが、正規軍のようにプロの翻訳者に依頼するお金もない。

そこで私は、学生にアルバイトで翻訳をしてもらおうと考えました。とはいえツテはないので（これもしょぼいゲリラの悲しさです）、ネット上で募集をかけてみました。フリードマンはノーベル経済学賞をとった歴史的な学者ですが、論文はもちろん簡単ではないですし、これを訳したいというもの好きな学生なんているのかな……？　と心配していたんですが、蓋を開けてみると来るわ来るわ、いったいどこから湧いてくるんだろうという数の学生が集まりました。

お金だけ考えたらコンビニでバイトしたほうがずっと割がいいわけですよ。それなのにこんな割の悪い仕事に応募した理由を聞くと、「英語の能力を活かしたい」「経済学の発展に寄与したい」と言うのです。

これは、「人は役割を求める・自分の力を活かしたがる」という私の主張のいい例です。

もちろんコンビニバイトも立派な役割ですが、比較的人を選ばない仕事です。要するに、やれる人が多い。

でもフリードマンの邦訳となると、最低限の英語力と経済学の知識が必要になるので、コンビニのアルバイトよりはやれる人が限られます。そして、**やれる人が限られる仕事ほど「自分の力を活かしている」という実感が強いというわけです。**

あまり他人には備わっていない、自分だけの力を活かした役割を与えられると、人はイキイキします。

こういう仕事を見つけて依頼することは、とても重要な贈与です。

■ ゲリラは、できる範囲で、できる仕事だけを依頼する
■ 人は、自分だけが持つ能力を活かせる役割を求める

仕事のチャンネルを増やしておく

したがって私は、手持無沙汰にしている人にその人だけの役割や仕事を贈与するために、たくさんのタスクをプールしておくようにしています。フリードマンの邦訳とか、イベントバー「エデン」の店長とか。

「世の中には何が足りないかな」「こういう仕事を作ると面白いんじゃないか」といつも考えています。

自分がやれないことでいいんです。いろいろな仕事へのチャンネルを持っておけば、それを得意とする人に振ることができる。そうすれば、それは贈与ですから、その人が喜んでくれる。ついでに言えば、相場よりずっと安く頼める……といいことずくめです。

タスクはなんでも大丈夫。私はよく**「あなたの得意なことを、できる範囲でやって**

ほしい」という頼み方をします。

人には得手不得手があります。

フリードマンの邦訳みたいな難しい仕事もいいですが、たとえばコンビニで素早く、正確に品出しをするのも非凡な能力ですし、ニコニコして周囲を和ませるのだって能力です。

能力はなんでもいいんです。問題は、その能力が求められる場所を用意することです。誰でも、自分の能力を活かせる場所があるはずです。その場所に出会っていないだけなんですよ。

人に役割を贈与できるようになると人的ネットワークが広がり、さらに多くのタスクを抱えられるようになります。タスクというと「やらなきゃいけない嫌な仕事」というイメージが付きまといますが、実際はそうではありません。人に贈与できる貴重なリソースであり、しょぼいビジネスゲリラの武器なのです。

■人に役割を贈与するためにたくさんのタスクを抱えておく
■タスクは人に贈与できるリソース

ゲリラは終身雇用をしない

正規軍は一定水準を満たした若者を雇用しますが、われわれしょぼいゲリラの元に集まる志願兵たちは、年齢も能力もバラバラです。だから、正規軍が1日8時間なりをまるまる買い取ってさまざまな仕事を頼むのとは違い、得意分野「だけ」で協力してもらうわけです。

言い換えると、**ゲリラは終身雇用をしないということです**。プロジェクト単位での協力にとどめるのがポイントですね。

仮に頼んだプロジェクトでうまくいかなくても、タスクをたくさん抱えていれば、そのゲリラの能力をもっと活かせそうな別の仕事を頼めばよいわけです。臨機応変で有機的なゆるい関係。それがしょぼいビジネスゲリラの特徴です。

さて、話がだんだんと個人レベルから組織論へと移ってきました。ゲリラとはいえいつまでも孤軍奮闘ではダメで、組織をつくらなければいけません。

しかしゲリラの組織づくりは、正規軍のそれとはまったく違います。

■ 正規軍は「終身雇用」だが、ゲリラはプロジェクト限りの関係を結ぶ
■ 頼みごとがうまくいかなければ、別のタスクを与える

第3章

つながりは、ゆるいほうが上手くいく

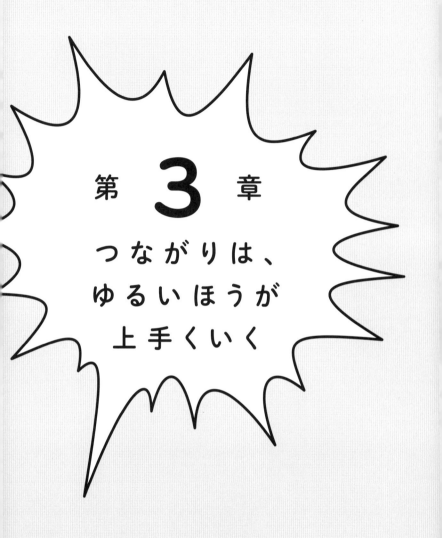

ゲリラはゆるさで勝負する

しょぼいビジネスゲリラの基本戦略についてお伝えしてきましたが、戦いは一人ではできませんから、遅かれ早かれ、協力者が必要になるときが来ます。

私の場合、今は各地に系列店があるイベントバー「エデン」を開いたころから、たくさんの人が協力してくれるようになりました。ありがたいお話です。

しかし私は組織をつくったのではありませんし、たとえば「㈱エデン」みたいな強固な企業組織を構築しようとも思っていません。

私がつくったのは、ゆるいネットワークです。言い換えれば、「つながり」です。

正規軍の強さはその組織力にもあります。

強固な階層構造を持ち、中央が末端までをしっかりコントロールする巨大組織は、戦争でもビジネスでも圧倒的な強さを発揮します。米軍や巨大企業のことを考えれば、誰にでもわかる話です。

ですが、われわれゲリラが正規軍の真似をすることはできません。同じやり方で勝てるはずがないのです。

ゲリラの指導者として中国共産党を率いて国共内戦や日中戦争を戦い、中華人民共和国を建国した毛沢東は「百家争鳴」という言葉を残しています。これは中国共産党への批判も含めてなんでも勝手に言っていいよ、という意味です。

まあ、毛沢東が実際にいろいろな言説を許したかどうかは別なんですが、天才的指導者である彼があえてコントロールを放棄することを重視していたのは見逃せません。

ゲリラ組織は、正規軍のようにきっちりした末端までのコントロールを行おうとすべきではありません。それよりは、つながりをゆるくして、ある程度は勝手に動いてもらったほうがいいのです。

それは、ビジネスでも同じです。

もちろんゆるさに伴うリスクはあります。たとえば、毛沢東を崇拝する若者が暴走した文化大革命は失敗例かもしれません。

しかし、毛沢東の時代にはインターネットはありませんでした。ネットは正規軍よりゲリラ向きですから、今は昔以上にゆるいネットワークが強くなっている時代だと言えるでしょう。詳細は、この章で解説します。

- 強固な組織よりもゆるいネットワークのほうがゲリラ向き
- 時代はゆるいネットワークに有利になっている

火は勝手に燃え広がる

物事にはなんでも惰性のようなものがあります。われわれゲリラはリソースがないですから、この惰性を上手く利用して力を節約しなければいけません。

私が前著『しょぼい起業で生きていく』を出し、ゲリラ的書店回り作戦である程度売り上げを伸ばしたころの話です。あの本を読んで面白いと思ってくれた読者の一人が、Twitter上でプレゼントキャンペーンをはじめてくれたんですね。

面白いのは、私が頼んだわけではなく、そもそも面識もない人なのですが、勝手にやってくれた点です。

このように、**人でも物でもある程度の勢いが生じると、あとは自動的に広がっていくものなのです。**

その様子は焚火に似ています。最初に火をつけるのが一番大変ですが、一度火がつけばどんどん燃え広がっていく。延焼に注意しなければいけないほどです。

正規軍が焚火をするときは、火の勢いを厳密にコントロールします。それだけのマンパワーがありますし、この後お話ししますが、延焼による炎上を恐れるからです。

でもわれわれゲリラは、勢いに任せて勝負したほうがいいのです。一度火をつけたら、どんどん延焼させましょう。

■ 物事が動き出すと、慣性によって勝手に進みはじめる
■ 一度人気に火がつくと、自動的に燃え広がっていく

「燃料」を用意しておく

ただし、物が燃えるためには燃料が必要です。焚き木がなくなったら火は消えますよね。同じように、燃料が燃え尽きたら人気も消えてしまいます。

だから延焼を大切にするわれわれしょぼいビジネスゲリラは、**一度着火に成功したのちも、「燃料」を常に供給しなければいけません。**

ビジネスにおける燃料供給とは、注目を集め続けることです。火がついたという事実をより広く知らしめなければいけません。『しょぼい起業で生きていく』なら、売れているという事実をアピールし続けることが大切でした。

そうすれば、「なんだなんだ？」と新しく興味を持ってくれる人が寄ってくるというわけです。そして、中には本を買って面白いと思い、頼んでもいないのに味方になってくれる人も出てきます。

ゲリラの戦いは、こうして勝手に大きくなっていくのです。「勝手に」という点がミソですね。すべてをコントロールする正規軍とは違い、協力者は勝手に集まり、勝手に戦いを展開してくれるのです。私たちがやるべきことは、燃料が絶えないように注意することくらいですね。

別の言い方をすると、世の中には、潜在的なあなたのファンがたくさんいるということでもあります。でも、あなたに出会えていない。

だから火をつけましょう。社会に、そしてファンの心に。

■ 火が燃え広がるための「燃料」を絶やさないよう注意する
■ 燃料供給とは、注目を集めること

ゲリラは炎上を恐れない

この延焼作戦は、われわれしょぼいゲリラが正規軍に優位に立てる貴重な戦術です。というのも、**正規軍はコントロールできない延焼、いわゆる「炎上」をとても恐れるため、この戦術を使えないのです。**

今は組織にコンプライアンス（法や倫理の順守）が求められる時代です。みなさんも、コンプライアンス違反で炎上した企業のニュースをたくさん見てきたはずです。企業は末端まで責任を負わなければいけません。飲食店やコンビニのアルバイトがいたずらをＳＮＳにアップした炎上した例がいくつもありましたが、アルバイトのちょっとした行動まで責任を問われるのが正規軍です。

しかし、われわれゲリラは正規軍のようなかっちりした組織をつくりません。あくまで協力者がゆるく連帯しているだけ。もし協力者がコンプライアンス違反を犯したら「それはよくないよ」と注意はしますが、記者会見をして謝罪することはないのではないでしょうか。なにも頼んでいないのですから。

ゲリラはコンプライアンスにびくびくする正規軍とは違い、攻めの姿勢を維持できます。

組織のありかたは、正規軍とゲリラとの大きな違いです。

■　正規軍は末端まで責任を負わなければいけない
■　ゆるいネットワークでつながるゲリラはコンプライアンス違反を恐れなくてよい

ゲリラ型組織は「あいまい」

ベトナム戦争は、米軍を中心とする強大な正規軍と、ゲリラ的な戦いを展開した北ベトナム軍や南ベトナム解放民族戦線（いわゆるベトコン）との戦争でした。結果は、ご存知のように米軍の敗戦に終わっています。

圧倒的な軍備を誇る米軍がゲリラたちに敗れた理由の一つは、ゲリラ組織の「あいまいさ」にありました。

たとえば、ゲリラは境界があいまいです。

米軍兵は身分が明確な、いわば正社員ですから、民間人と米軍兵との区別がつかないなどということはありえません。しかしベトコンのゲリラと一般ベトナム人は区別があいまいで、農業を営みつつ米軍と戦ったりしていました。

また、ゲリラは組織体系もあいまいです。

米軍に限らず軍隊では軍人の階級や部隊の階層が厳密に決められています。大佐の下には中佐がいて、中佐の下には少佐がいます。大隊の下には中隊があり、中隊の下には小隊があります。そして部隊ごとに専門が決まっていて、高射部隊は対空ミサイルによる迎撃を専門に、戦車部隊は戦車による進軍を専門に行うわけです。

こういった正規軍の特徴は会社にも共通していますよね。部長、課長といった階級があり、それぞれに専門分野を持った部署があります。

そんなかっちりした組織をつくるのはもちろん、戦争でもビジネスでもそれが有力だったからなのですが、ゲリラの組織はあいまいです。階級もあいまいなら、命令系統もあいまい。専門性を持った部隊が組織的に戦うのではなく、いわばそれぞれが勝手に戦う。

一見不利ですが、なぜ、ゲリラはそんな組織づくり（というか、組織をつくらないわけですが）をするのか？

それは、持たざる者にとっては、ゲリラ型の組織のほうが有利に戦いを展開できるためです。

- 正規軍は明確な組織を作る
- ゲリラ型の組織はあらゆる点であいまい

なぜゲリラは強いのか？

ベトナム戦争の米軍は、今見たように組織的で圧倒的な軍事力を持っていましたから、相手が正規軍なら圧勝するはずでした。

しかしベトコンは正規軍のルールに従わなかった。これが勝利の秘訣です。

たとえば米軍は、大量の爆撃機で繰り返しベトコン側を爆撃しました。第二次世界大戦のドイツ軍や日本軍のような正規軍なら、これで白旗を揚げるはずです。

ところが、第二次世界大戦で使われた以上の量の爆弾を降り注いでも、ベトコンは降伏しません。というのも、正規軍のように明確な拠点がなく、森林の中にぼんやりと広がっていたからです。

ベトコンは森林の中にトンネルのネットワークをつくり、そこに潜んで米軍を攻撃しました。米軍が一つの穴を潰しても、ベトコンはトンネルを伝って別の穴に逃げてしまうので、キリがありません。

そして地下のネットワークでつながれたベトコンの部隊は、まったく組織的ではなく、勝手に戦いを展開するので、対処するのも大変です。

組織的な正規軍は拠点が明確なので、そこを落せば勝てます。あるいは、部隊の階級が明確なので、大将を捕えれば勝ちます。つまり正規軍同士の戦争は勝利条件が明確なのですが、ゲリラはそのルールにのっとっていませんから、いくら攻撃してものらりくらりと逃げてしまうわけですね。

勝利条件があいまいということをゲリラ側から見ると、敗北条件がないということです。強いわけですよ。負けが存在しないんですから。

組織的ではない、ゆるいネットワーク。ここにこそゲリラの生存戦略があります。

話をビジネスに戻しましょう。

結論から言うと、われわれしょぼいビジネスゲリラも、ゆるいネットワークで勝負すべきです。

ゆるいネットワークは末端まで管理する必要がないので管理にリソースを割く必要がなく、同時に、攻めの姿勢を維持できます。

私も、イベントバー「エデン」を経営する上で、「組織化しない」ということを徹底しています。もちろん各支店のトップの人となりはよく知っていますが、どういう経営をするかは基本的におまかせです。私はそれを、Twitterなどで眺めているだけです。

ただ、「エデンは面白いところだぞ」というイメージが広まるようには努めています。すると、自然と興味を持った協力者たちが集まってくるので、彼ら・彼女らをゲリラとして取り入れるわけですね。雇用するのではありません。

■ ゆるいネットワークは敗北しない
■ ゲリラは正規軍のルールに従わないから強かった

アウトローにも手を広げる

協力者の「仕入れ」にもポイントがあります。

それは「正規のルートで売られているものに手を出さない」という基本に立ち返り、正規軍が関心を持たないようなアウトローにも手を広げていくこと。高齢ニートとか、朝起きられないとか、とにかく普通の会社には入れないような人たちですね。私たちしょぼいビジネスゲリラ組織は雇用をせず、プロジェクト単位で頼みごとをするだけですから、会社のように身の上を洗わなくてもいいんです。元ヤクザでも大歓迎です。

会社組織ではこうはいきませんよね。雇用、つまり丸抱えをする以上、その人の背景まで徹底的に洗わざるを得ません。責任が生じますから。

もちろんしょぼいビジネスゲリラにとってもコンプライアンスは大事です。今はゲリラもコンプライアンスを守る時代なのです。しかしわれわれビジネスゲリラの組織はゆるいですから、正規軍のようなコンプライアンス管理は難しいでしょう。

■ 正規のルートで人材を仕入れない
■ 正規軍が興味を示さない人材にまで手を広げる

差別は高くつく

歴史を振り返っても、差別をせずにどんどん人を受け入れる集団が強くなる傾向にあります。国なら米国がそうですし、米国内でも、保守的なルールにとらわれず、有能なら誰でもウェルカムな集団が成長しています。

その意味では、アウトローはいいんですよ。「原価」が安いですから。

アメリカの経済学者、ミルトン・フリードマンは、『資本主義と自由』（日経BPクラシックス）で「差別は高い買い物だ」という趣旨のことを言っています。どういうことかというと、白人しか雇わない商店主は、白人と同じ能力を持ちつつも希望する給料が白人よりも安い黒人を雇えないので損をする、ということです。

このように、差別は無駄なコストにつながりますし、背景調査にもお金がかかってしまう。**あくまで行動、パフォーマンスを基準に人間を判断すべきなのです。**

このあり方は、ヤクザにも似ていますね。ヤクザはアウトローを集めた集団です。われわれビジネスゲリラも似ていて、法こそ犯しませんが、社会になじめないアウトローたちに居場所を贈与し、代わりに協力を得ているということです。

私はこの方法を、「ヤクザ2・0」と呼んでいます。

- ■多様な人材に手を広げた組織が成長する
- ■差別は差別する側にとって高くつく

守ったら、身内になる

ヤクザとしょぼいビジネスゲリラにはほかにも共通点があって、それは身内を守ること。私はこの点を徹底しています。

ヤクザが強いのは、それぞれの戦闘力が高いからというより、集団として存在しているからですよね。構成員Aがやられたら他の構成員が復習をする。だから強いわけです。個体が強いのではなく、組織として強い。

だから私は身内を守るようにしているのですが、ヤクザとは論理が逆かもしれません。ヤクザは「身内だから守る」のですが、**私は「守った人は身内になる」という考えを持っています。**

お伝えしたように境界があいまいなビジネスゲリラですが、敵か味方かあいまいな人も、守った瞬間に身内に入るというイメージです。アウトローは、守ってもらう経験に乏しいですから、守られるとキュンとする（?）わけです。

■ 守ると身内に引き込める
■ アウトローは守られた経験に乏しい

困った奴はさよならする

こういう懐の広い組織づくりをしていると、中には困った奴も出てきます。たとえばですが、周囲にセクハラをしまくるとか、人のお金を盗むとか、周辺の協力者にダメージを与える人も入ってきてしまうでしょう。

さすがにそういう人には去ってもらうのですが、ゲリラ組織の強みはここでも発揮されます。**つながりがゆるいため、切り離すのが簡単なんですね。**

ゲリラとかヤクザ2・0とはいえ、別に指を詰めたり粛清をするのではないですよ。ゆるく「すみません、次からはもういいです」と伝えるだけです。もしかしたら将来、まともになったその人がまた協力者になるかもしれないですし。

まったくつながりがない協力者が困った奴であるケースも考えられます。ネット上で私のファンを公言している人が問題発言を繰り返しているとか。

そういう場合も、接触の機会がなければ放置ですし、もし接触の機会があったら、一言「いつもありがとうございます」で終わりです。

ともかく、無駄に敵をつくる必要はないということです。


正規軍だったら、問題を起こした人間がいたら、組織全体が責任を負わなければいけません。特に今は、ネットでの炎上が起こりやすいため、正規軍にとってのリスクは増しています。

ですがわれわれしょぼいビジネスゲリラは組織がゆるいですから、問題を起こした個人を切り離すのは簡単です。というより、最初からつながっていないと言ってもいいでしょう。

だから、ネット時代の今も、攻めの姿勢を維持できるのです。ビジネスゲリラが有利になってきている理由の一つです。

■トラブルを起こしそうな人には去ってもらう

■ 正規軍は増す炎上リスクにより不利になっている

「ゆるい独裁」の勧め

ゆるいネットワークができてきたら、意思決定のあり方が問題になってくるでしょう。組織としての意思決定をどうすればいいか？

私は、**「ゆるい独裁」**が重要だと思っています。

ここまで見てきたように、われわれしょぼいゲリラの武器はスピードとトライ＆エラーです。しかし多様な意見を重んじてしまうと、どうしても意思決定に時間がかかってしまいます。

また、**人間の集団にはどうしても「慣性」のような力が働き、前例を踏襲すること**

になりがちです。新しいことをはじめようとして周囲に意見を求めたら、必ず反対の声が上がるでしょう。前例がないからです。

どんな場合でも「現状維持」が一番意思決定のコストが低い判断なんですよ。だから周囲の声を聴いていたらはじまりません。

歴史上の革命だって、どれも独裁的にはじまりましたよね。「革命しない？」とみんなに聞いたら、「やめとこうよ」となるに決まっています。

要するに、多くの意見を重んじる民主主義的スタイルは、ゲリラの強みを弱めてしまうのです。正規軍にとっての民主主義は大切ですが、ゲリラにとっては違います。

私も、新しいことをやろうと思ったら、誰にも相談せずにはじめてしまいます。そうじゃないと無駄に時間がかかり、ニュース性も失われます。

- スピードと攻めの姿勢を維持するため、判断は独裁的に行う
- 人の意見は保守的な方向に傾くため、意見を聞いていると新しいことをはじ

めにくい

独裁と自治を両立させる「ゆるい独裁」

しかし重要なのは、私が勧めているのはあくまで「ゆるい独裁」であって、本物の独裁ではない点です。

本当の独裁者は組織をトップから末端まで監視し、意に反した行動をとった人間がいたら粛清します。

ですが、ゆるい独裁はゆるい組織を前提にしていますから、組織の末端までコントロールすることをしません。ネットワークの他の部分、私の場合ならエデンの各支店が何か新しいことをやろうとしたら、勝手にやってもらいます。

末端までコントロールしようとしたら、時間も手間もかかり、やはりゲリラの強みが失われるじゃないですか。ゲリラの指揮官は、各部隊に勝手に戦わせるべきです。いちいち決裁をとるべきじゃありません。

つまり、**私が勧める「ゆるい独裁」とは、独裁と地方自治が結びついたスタイルです**。あるいは、独裁者同士のゆるいネットワークというべきでしょうか。小さい独裁者たちがゆるくつながり、勝手に素早く行動する。スピーディーかつ挑戦的な姿勢を維持できる、新しいスタイルです。

■ ネットワークの他の部分には自治を認める
■ 独裁者同士がゆるくつながるスタイルが「ゆるい独裁」

利害を共有し続ける

ここまでを読んで、少し不安になった方もいるかもしれません。ネットワークの他の部分を勝手に動かせたら、反乱が起きないのか？　と。

大丈夫です。だって、反乱する合理性がなければ反乱は起きませんから。

反乱するのは、反乱したほうが利益があると判断した場合ですよね。それは、中央の独裁者（リーダー）とネットワーク上の小さな独裁者たちとの利害が衝突した場合です。

私がやっているイベントバー「エデン」の各支店では、幸い反乱は起きていません。それは、私と各支店のトップとの利害関係が一致しているからです。私にとってメリットがあることは彼らにもメリットがありますし、その逆もしかり。

なら反乱する理由はありませんよね。

このように、つなぎ留めたい人々との利害が一致する状況を維持することが大切です。

ところが、ありがちなのは、自らは経営者サイドに回り、他の協力者を従業員にしてしまうこと。労使の立場で利害が対立してしまいます。

どうしても経営者が必要なら、別に経営陣を立てて、自らと他の協力者は従業員という立場を守ったほうがいいでしょう。利害が一致しますから。

思うに、互いに負債を貯めあうのが円滑な人間関係を築くコツだと思うのです。相互に借り入れが多い企業同士は潰しあえませんよね。それと同じです。そして負債を貯めあうには、利害が一致する立場のほうがよいのです。

それでも何らかの理由で反乱が起きても、あまり心配はいりません。ネットワークはゆるいので、静かにさよならをするだけです。

■ 他の協力者と自分との利害が一致する状態を維持する
■ 互いに負債を貯めあう人間関係は長続きする

オンラインで頻繁に、ゆるくつながる

利害を共有する以外にもゆるい組織を維持するポイントはあって、それは贈与と同じなんですが、一回一回の接触は薄くていいのですが、頻度を上げることです。

私の場合、エデンの支店の店長とのつながりは、主にTwitterなどのネットで維持しています。店長になる人とは少なくとも一度は会いますが、後はネット、たとえばTwitterでリプライを送るだけでもいいでしょう。薄くてもいいんですよ。つながりはゆるいんですから。

ただし、頻度は大切。

毎日じゃウザいですが、最低でも二週間に一回は何らかのやり取りをしたい。一回一回は薄く、ただしマメに、ということです。

正規軍は月に一回の給料で協力者をつなぎとめますが、われわれビジネスゲリラにはそれは無理。だから頻度で勝負するわけですね。協力者に報酬を出す場合も同じです。

ビジネスゲリラは、細く長くが大切です。

そして、ゆるいつながりにはネットが便利なのです。

一度は直接会い、人となりを知ることは大切です。でも、その後の関係の維持にはネットも役立ちます。いちいち会おうと思うとお互いにとって負担になり、頻度が落ちてしまいます。それよりはネットでちょくちょくやり取りをしたほうが、相手の印象に残り続けるでしょう。

リアルとネットを上手く使い分けてください。

■つながりの維持にはネットが便利
■一回一回は薄く、ただし頻度を上げることでつながりを維持する

ゲリラはハードよりもソフトでつながる

ところで、ここまでの私の説明が抽象的すぎるとお思いの人は多いかもしれません。具体的にどうすれば協力者が現れるんだよ！　と言われてしまいそうです。説明が抽象的なのには訳があって、人を寄せ付けるものは具体的なコレ！　というのではなく、わりとぼんやりとしたものだからです。

トルコに、「ギュレン運動」という市民運動があります。これは慈善活動や教育支援、宗教間対話などいろいろなことをやっている、なかなか定義が難しい運動です。

指導者はフェトフッラー・ギュレンという米国在住のおじさんで、指導者とはいえ、運動に大金を出したり組織づくりをしているわけではありません（もちろん多少は関与していますが）。

ギュレンさんはトルコの中小企業のオヤジたちと親しいので、人々は漠然とギュレンさんの思想を支持している感じです。

トルコに限らず、力を持っている人や運動ってこんな感じだと思うんです。日本の政界にも重鎮と呼ばれる人たちがいますが、彼らは特に金をバラまいたり、理論家だったりするとは限らず、「なんとなく話しやすい」「なんとなく顔が広い」というパターンが多いと思うんです。

要するに、人を集めるのは金やモノといったハードではなく、ソフトだと私は思っています。ソフトの内容は、人柄だったり、思想だったり、いろいろあるでしょう。

われわれしょぼいビジネスゲリラの組織も同じだと思います。中心にあるのはぼんやりとしたソフトなので、何が人を呼び集めるのかを私が具体的に示すのは困難です。なんとなく面白そうなところに、人は集まるのです。
人はハードよりもソフトに魅了されるということですね。
ただし、ゆるい組織の維持には、ソフトだけでは足りません。

■ 人は具体的なハードよりも、ソフトに集まる
■ 人を魅了するソフトは、人柄や考え方などさまざま

リアルスペースが人をつなぐ

私はここまでネットの話ばかりをしてきましたが、それはネットがしょぼいビジネスゲリラには特に有効な武器だからであって、リアルを軽んじているわけでは決してありません。むしろ、リアル空間の凄まじい情報量を考えると、人はよくネットで活

動できるなあと感心しているくらいです。

そう、リアルは大切です。人を呼び寄せるのはソフトでも、人をつなぎ留めておくためにはリアルが必要ではないでしょうか。

私の場合、イベントバー「エデン」というリアルスペースがあった意味が非常に大きいと感じています。人は結局、他の人と交流したいわけですよ。そして交流するなら、ネットだけでは物足りなくなるはずです。

というのも、先ほど言ったように、情報量ではネットはリアルに遠く及ばないからです。身振り、手振り、声のトーン、目つき……こういう情報はネット上では捨象されてしまいます。ゆるいネットワークとはいえ、ネット上だけで完結することはありえません。

ネットとリアルは互いに相乗効果を生みます。私の場合、エデンでお客さんにして受けた話をYouTubeで配信する、というやり方が効果的でしたね。相手の反応を見るには、ネットよりも情報量が多いリアルのほうがいいんです。

リアルで受けるものはネットでも受けるし、リアルで受けないものはネットでも受けません。相手は同じ人間なんですから。

逆に、ネットからリアルへ、という流れもあります。ネットでは広く情報をバラまけますから、イベントに人を呼ぶ場合にはネットが強力です。

リアルは大切です。そこのところを忘れないようにしてください。

■人をつなぎとめるにはリアルな交流が効果的

■ネットとリアルは相乗効果を生める

アンチは宣伝をしてくれている

こうやってゆるいネットワークが大きくなってくると、必ずあなたの悪口を言う人が現れます。まあ、当然です。人には好き嫌いがありますから。

そういう人がネットやリアルであなたの批判を繰り広げた場合、つい感情的になって反論したり、相手を黙らせようとしがちです。自分の悪い評判が広がるのは嫌ですからね。

でも、実はその必要はないんです。**悪口を言う人は、タダであなたの宣伝をしてくれていると思いましょう。**

考えてもみてください。あなたの悪口を聞いた人がその内容に100%同意することがどれほどあるでしょうか？　私がどこかで「えらてんとかいうヤツがうさんくさいバーをやってるらしいぜ」と言われたとして、むしろ興味を持つ人もいるんじゃないでしょうか。

アンチは、その意味で味方なんです。そういう人を黙らせてしまうのはもったいない話です。

もちろん、悪質なデマや名誉毀損には毅然として対応したほうがいいでしょう。でも、そういうケースは意外と少ないはずです。多くのアンチはボランティアであなたの宣伝をしてくれているんですよ。

■アンチは無料で宣伝をしてくれていると考える

炎上は炎上で制す

ときには、アンチの言動が実を結んで（？）炎上が起こることもあるはずです。そういう場合にどうするかというと、私は基本的に「攻めのコンプライアンス」で対応しますね。

炎上すると、普通の人は必死で鎮火しようとします。「そうじゃないんだ」「あの情報はデマだ」とか。でもそれは逆効果で、火に油を注ぐことになります。「やっぱり怪しいな」ということで、ますます燃え上がるのがオチです。

そこで、逆転の発想です。

炎上が消えにくいなら、燃やし尽くしてしまいましょう。それが私の言う「攻めのコンプライアンス」です。

一時期、エデンにイスラム教徒の人たちがよく出入りしていたことがあったんですが、そうしたら、「エデンに行くとイスラム国に送られてしまう」などという噂が立ってしまいました。

そのせいで、Googleで私の店について検索すると、サジェストに「イスラム国」と出るようになってしまいました。いわゆる炎上じゃないですが、最悪です。そんな店に来たがる人がいるわけありません。

こんなとき、通常なら「ウチはイスラム国とはなんの関係もありません！」と声明を出すと思うんですが、私はやりませんでした。なんだか面白くないし、情報は隠そうとするほど広がっていくことを知っていたからです。

そこで私はどうしたかというと、イスラム国が霞むほど怪しい人たちをたくさん呼んだのです。創価学会員、共産党員、右翼、左翼、マック赤坂さんに外山恒一さん……彼らをイスラム国と比べるのも失礼だとは思いますが、話題度ではいい勝負です。

結果、どうなったかというと、サジェストからイスラム国は消えました。**怪しさを別の怪しさで中和したわけです。毒を以て毒を制すというか。**

これが攻めのコンプライアンスです。

消したい情報を消そうと思っても、現代では無理があります。それならば、消したい情報が霞むほどインパクトのある情報をじゃんじゃん出して薄めてしまいましょう。Twitterのコメントでも YouTubeの動画でも同じです。ムキになって否定するほど怪しいと思われ、広まってしまいます。

■ 炎上を隠そうとすると逆に広まってしまう
■ 炎上は、よりインパクトの強い情報を出すことで薄めてしまう

独裁者の最大の仕事は「撤退」

こうやって炎上を乗り越えたとしても、しょぼいビジネスゲリラには負け戦はつき

ものです。新しいことをはじめるときも、上手くいったらもうけもの、くらいのイメージでいいかもしれません。

失敗をして「ヤバい、これはやめたほうがいいかな」と感じたら、さっさと撤退して別のチャレンジにリソースを割きましょう。ビジネスゲリラの基本はトライ&エラーだということ、忘れていませんよね。


そして撤退をするときも、独裁は大事です。

民主的にみんなの意見を聞くと、お伝えした「慣性の法則」が働き、「このままがんばろうよ」という結論しか出てきません。私も共同経営の経験がありますが、いつも結論は現状維持でした。組織とはそういうものなのでしょう。

しかし、独裁的な意思決定なら撤退は簡単です。「やーめた」と言ってすぐに次のことに取りかかればいいんです。

私は、ビジネスゲリラのトップの最大の仕事は撤退、とさえ考えています。ここまで見てきたように、「やる」ことは案外なんとかなるのですが、「やめる」ことは極めて難しいのです。どうやめるかではなく、そもそも「やめることができる」ネットワークをつくることはとても大切です。

旧日本軍はじめ、撤退のタイミングを逃したことで破滅した組織は数知れません。ゆるいネットワークが動きはじめたら、指揮官は撤退の決定をすることだけに集中したほうがいいかもしれません。

■ 基本はトライ＆エラー。うまくいかなかったらすぐに撤退する
■ 撤退の意思決定は独裁的なほうがうまくいく
■ リーダーの最大の仕事は撤退の決定

ビジネスゲリラのトップの最大の仕事は撤退

（「止めることができるネットワークを作る」のがとても大事）

- 炎上を乗り越えたとしても
  しょぼいビジネスゲリラには負け戦はつきもの
- 新しいことをはじめるとき，上手くいったらもうけもの
  くらいのイメージで
- ビジネスゲリラの基本はトライ＆エラー
- 失敗をして「ヤバい，これはやめたほうがいいかな」
  と感じたらさっさと撤退して別のチャレンジに
  リソースを割くこと

撤退するときも独裁が大事

↓

止めることができる

↓

別のチャレンジにリソースが割ける

民主的にみんなの意見を聞く

「慣性の法則」が働き
「このままがんばろうよ」という
結論しか出てこない

↓

現状維持

旧日本軍はじめ撤退のタイミングを逃した
ことで破滅した組織は数知れません
ゆるいネットワークが動きはじめたら
指揮官は撤退の決定をすることだけに
集中したほうがいいかもしれません

第4章

ビジネスゲリラの戦術論

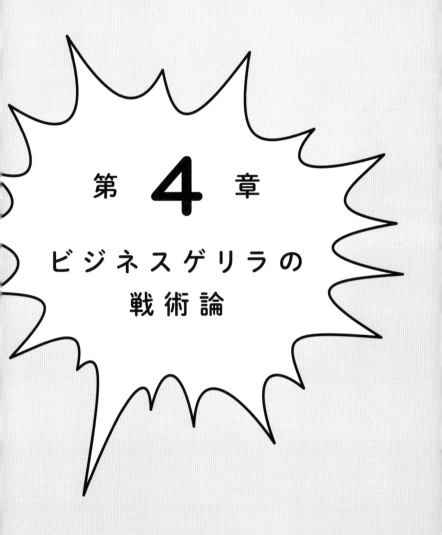

やれることだけ、やる

われわれしょぼいビジネスゲリラは、有機的なゆるいネットワークで勝負すべきだ、と書きました。

ところで、われわれにとってもっとも身近な有機的ネットワークは何かといいますと、言うまでもなくわれわれの身体です。ということは、ビジネスゲリラが活用するネットワークとビジネスゲリラ一人ひとりの身体は相似関係にあるということです。すると、ここまでお伝えしてきた組織論は、あなたの身体という組織にも当てはめられるということになります。

たとえば、ビジネスゲリラの基本はトライ&エラーだと繰り返してきましたが、個人の進退にも似たことが言えます。**成功のポイントは、自分にできないことはさっさと諦めて、できることに集中することだと思うのです。**

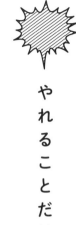

すでに書いたように、私は朝が苦手です。しかしそれでは何かと不都合があるので、なんとか朝起きるために強力な目覚ましを用意したり、昼寝をやめたりといろいろ試行錯誤したのですが、上手くいきませんでした。

そこで私は、早起きを諦めてしまいました。自分には無理なんだ、と。

すると、身体が喜んでいる感じがするのです。どういうわけか早起きができない身体を持って生まれてきた以上、無理に早起きしようと四苦八苦するのは非効率的で、さっさと「早起きができない」という事実を認め、その限りで戦略を立てたほうがよかったのですね。

このように、自分にできることや得意分野ではなく、「できないこと」や不得意分野から自分の行動が導けることもあります。すると、消去法的に、自分が勝てる分野が見えてくるはずです。

やれること、すなわち勝てる戦だけに参戦しましょう。無理に負け戦に挑む必要はないのです。

■ しょぼい組織論は一人ひとりの身体にも当てはまる
■ やれないことは諦めて、やれることに力を集中させる

勝てる戦場を探せ！

勝てる戦だけに参戦する。この考えを徹底すると、意外と簡単に成功にありつけたりします。

たとえば私は、朝も起きられず満員電車も苦手です。大学生のときには就職活動からドロップアウトしたくらいの、アルバイトもできないような人間です。

ところが、どういうわけか経営には向いているのです。

普通、経営は高度な仕事とされています。少なくともアルバイトより高度であることには異論はないでしょう。

しかしこの「普通」はあくまで世間の相場です。勝てる戦を探すことを意識すれば、相場が崩れるバグは簡単に見つかります。

正規軍の組織では、下っ端→中堅→指揮官といった具合に段階を経て出世することになっています。それは普通、下っ端よりも中堅が、中堅よりも指揮官のほうが高度で難しい仕事だとされているからです。

ですが、ここでもバグは起こりうるのです。**下っ端の才能はまったくないが、なぜか指揮官としては天才、ということも考えられます**（その逆もあり得るのですが）。世間の相場と個人の相場は必ずしも一致しないのですね。

下積みから出世してリーダーに、というのが正規軍のルートですが、そのルールに従う必要はありません。バグ、つまり勝てる戦場を探しましょう。勝てない戦場で努力を重ねることが美しいとされていますが、その考えは時代遅れです。

■ 勝てる「戦場」にリソースを集中する

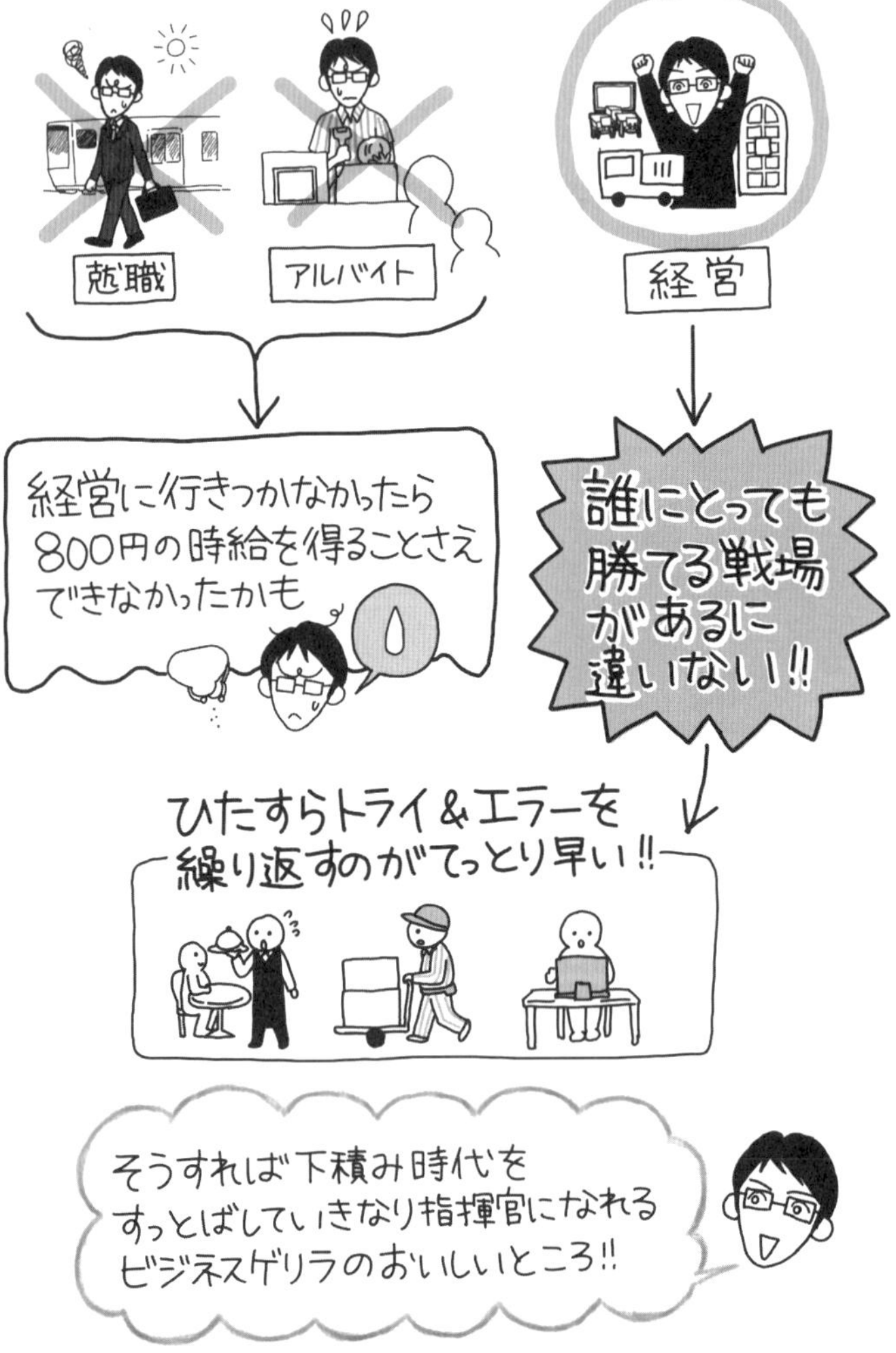
就職
アルバイト
経営
経営に行きつかなかったら
800円の時給を得ることさえ
できなかったかも
誰にとっても
勝てる戦場
があるに
違いない!!
ひたすらトライ&エラーを
繰り返すのがてっとり早い!!
そうすれば下積み時代を
すっとばしていきなり指揮官になれる
ビジネスゲリラのおいしいところ!!

私がバグのいい例でして、就職もアルバイトもできないのに、なぜか経営だけはできたのです。別の言い方をすると、私という弱いゲリラ部隊がいて、普通に戦ったら連戦連敗のはずなのに、うまく「経営」という勝てる戦場を見つけられたということです。

もし経営という戦場に行きつかなければ、私は全戦力を注いでも、800円の時給を得ることさえできなかったでしょう。しかし、経営という戦場ならば、どういうわけか私は勝てるのです。

これは私のケースですが、誰にとっても勝てる戦場があるに違いありません。

そして勝てる戦場を見つけるためには、ひたすらトライ&エラーを繰り返すのが手っ取り早い方法です。

もう下積みはいらない

そうすれば、**下積み時代をすっ飛ばしていきなり指揮官になれる。**それがビジネスゲリラのおいしいところです。

■世間の相場と個人の相場は違う
■自分にとって得意な、勝てる戦場を見つける

守りに入らず攻めまくる

ただ、勝てる戦場を探すことが重要とはいえ、負けを恐れる必要はありません。負けを恐れて守りに入ってしまうのが、ビジネスゲリラのもっともまずいパターンです。というのも、勝ち戦に出会えませんから。

私はネット上でケンカばかりしていますが、ケンカにリスクがあることは承知して

います。

しかし、私はしょせん一ゲリラに過ぎないわけです。負けても失うものはありませんから、守りに入る必要がそもそもないのです。

ですから、攻めの姿勢を維持していることで、個別の多少のマイナスはありますが、全体として仕事は増えています。


守りを重視しなければいけないのは、守るほどの財産がある人だけです。言い換えれば、正規軍だけです。正規軍は守るものが多いので、コンプライアンスも気にしなければいけません。

でも、**果たしてみなさんに守るほどのものがあるでしょうか？**　炎上するほどの人気がありますか？

ありませんよね。だから、ゲリラは攻めの姿勢を維持してください。これはゲリラの戦術の基本です。

■ 負けを恐れて守りに入るのが一番危険
■ 負けても失うものはない。攻めの姿勢を維持する

組織内でもゲリラになれる

ところで、この本を読んで「よし、ゲリラになろう！」と思った方が会社員でも、今すぐ会社を辞める必要はありません。**組織に属していてもゲリラにはなれますから、あわてないでください。**

この本を手に取る方は何らかの意味で会社に不満や苦手意識を持っていると思いますが、もし会社などの大きな組織に属しているなら、ある意味でチャンスです。というのも、組織を内側から観察する機会に恵まれているからです。

会社はどういう点で有利で、どういうものが足りないのかをじっと見ておいてくだ

さい。その後のゲリラ戦でも役立ちますから。

ただ、会社を良くしよう、変えようと思っても難しいと思います。正規軍では下っ端の訴えは基本的に邪魔でしかないはずで、邪魔なことをすると嫌われるからです。そのあたりの事情も含めて、よく観察するといいでしょう。

さて、正規軍に属していても（会社員であっても）戦い方はゲリラと同じです。ここまでお読みになった原則を社内に応用してください。

たとえば私は、正規軍と同じルールで戦うべきではないと言いました。社内における正規軍とは、花形部署の人気者です。そういう、王道の競争に参加すべきではありません。

じゃあ社内ゲリラはどうすべきかというと、たとえば窓際族に目をつけてみてはどうでしょう。

どの会社にもぱっとしない窓際族がいるはずですが、窓際族としてナンバーワンになればいいのです。花形部署のトップになるよりはるかに簡単な競争だと思いますよ。

窓際族のいい所は、会社に長くいるので何らかの存在意義や知見を持ちつつも王道の競争から外れているので近づきやすい点です。つまり正規軍が見落としがちなバグであり、ゲリラ向きのアウトロー（→第3章）なんですね。

あるいは、新卒の学生を取り込むとか、どうでしょう。本格的に会社に馴染む前の学生や新入社員なら、社員よりもずっと簡単に影響力を確保できるでしょう。まだまだ緊張していますから、コーヒー一杯をおごるだけでも相当のインパクトがありそうです。

窓際族も新卒の学生も、正規軍が目をつけない資源です。王道のエリートに比べると力が弱いと思われそうですが、仮に窓際族の族長（？）になったり新卒の信頼を一身に集めることができたら、社内でも相当の権力者ですよ。極端な話、窓際族がいっせいに反乱したらどんな会社でも動揺しますから。

だから、本書はフリーランスや起業する人だけに向けて書かれたものではありません。組織に属していても、これからの時代に威力を発揮するのは、ゲリラ戦術であるはずです。

そして、一人であっても組織に属していても、ゲリラ戦術の基本は変わりません。

- ■ 会社などの組織に属していてもゲリラにはなれる
- ■ 組織内でもゲリラ戦の方法は変わらない

お金を介在させない

鋭い読者はお気づきかと思いますが、どのゲリラ戦術にも共通していることに、お金に頼らずに人を動かすことがあります。

お金は正規軍向きの手段です。会社が社員に支払う給料が典型ですね。

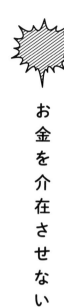

お金には相場に従って動く性質があるため、安定した運営を求める正規軍には適しているのですが、バグを突くことで戦うわれわれしょぼいビジネスゲリラには向いていません。というか、そもそも、われわれにはお金がないわけですから、お金で正規軍に立ち向かうのは無謀すぎます。

ただしもちろん、謝礼を一切払わないという意味ではありません。それでは単なるブラックゲリラ（?）です。たとえば私はエデンの一日店長にもちゃんとギャラを払ってはいます。しかし決して高い額ではないので、ギャラは直接的なモチベーションにはなっていないでしょう。

ではゲリラを動かすモチベーションは何かというと、お金ではなく思想というか、考えに共鳴してもらうことですね。

自分の経験上も、思想的についてきてくれる人が一番心強い味方です。お金が有り余っているならお金で誘惑してもいいのですが、金の切れ目が縁の切れ目ということわざが物語る通り、お金がなくなったら終わりです。

- お金で人を動かそうとしない。お金は正規軍向きの手段
- お金ではなく思想で人を動かす

アメもムチも与えない

協力者のモチベーションを維持するために、「アメを与えて伸ばす」という方法をとる人がいます。なるほど、確かに効果的ではあるでしょう。企業がボーナスを出したり、報奨金を出すのと同じですね。

しかしここでも、われわれしょぼいゲリラは正規軍の土俵に乗っかってはいけないのです。

アメを与えられるのは、アメを与え続けられるリソースがある正規軍だけです。人はどんな状況にも慣れてしまいますが、もしアメが途切れたら、マイナスになってし

まいます。ならば最初からアメを与えないほうがなんぼかマシでしょう。

じゃあモチベーションが上がらないじゃん、と言われそうですが、アメを与えないだけでなくムチも加えなければ、プラスマイナスがゼロですから問題ないのです。

アメを与えるということは、裏を返すと、パフォーマンス次第ではムチを加えるということでもあります。アメとムチは常にセットですからね。

しかしはじめからアメもムチも与えなければ、協力者たちはムチに怯えずに安心して戦いを続けられます。「この人は自分に酷いことはしないだろう」という安心感があるんですね。

まあ、まったく褒めないのもつまらないので、努力を評価したほうがいいでしょう。でも必要以上に褒めてアメを与えることは、実はその裏にあるムチをイメージさせることにもなりかねないんです。

■ アメを与えるにはリソースがいる

■ アメを与えることは、ムチの存在もイメージさせてしまう

相手の共感を得る

思想と言っても、毛沢東思想とかチェ・ゲバラの思想とかのややこしいものを作り上げる必要はありません。今の時代に即した方法がいくつかありますのでご紹介しましょう。

もっとも基本的にして強力なのは、相手の共感を刺激することです。「そうそう、そうだよね」「わかるなあ」という感情は、強力に人間を動かします。YouTubeやブログでゲリラとして成功した人々を分析すると、うまく大衆の共感をつかんでいることに気づくでしょう。

いい例が、YouTuberの「ＤＪ社長」とシンガーソングライターの岡崎体育さんです。

ややバックグラウンドが異なる二人ですが、どちらも私のいうビジネスゲリラとして成功した人たちです。

彼らには、

・それほどイケメンではない
・自分の下積み時代を周囲にアピールしている
・ネットを使うのが上手い

という共通点があるのですが、いずれも人々の共感を呼び起こすことにつながっていることにお気づきでしょうか。

■ 共感してもらうことで協力者を集めるのがベスト

イケメンじゃないほうが有利な訳

まず、ルックス。

世の中の人々の大半は別に格好良くないわけですから、イケメンでないことは重要です。人々はイケメンには憧れますが、共感は難しい。その点では、お二人とも、まあ、大変共感しやすいルックスといえます。

それから、下積み時代のことを赤裸々に語ったりして、自分がしてきた苦労を可視化していますよね。これも大切で、やはり世の中のほとんどの人は天才でもなく、苦労を重ねていますから、苦労した（している）人ほど感情移入しやすいのです。

そして、二人ともネットを活用してこれら共感のための材料を常に人目にさらしています。すると、勝手に応援してくれる人たちが表れてファンになってくれるという次第です。

共感できる材料をたくさん用意し、人目に触れる場所に置いておく。ビジネスゲリラの戦い方のお手本のような二人です。

- 大衆との共通点が多いほうが共感されやすい
- 共感できる材料をネットなど人目に触れる場所に置いておく

人は苦労に共感する

このように、人が共感するのは相手と自分との間に共通点を見出したときです。

特に、苦労している様子を見せるのは効果的です。私が著書の営業のために書店回りをしたのも、もちろん書店で本をプッシュしてもらうことが主な目的でしたが、泥臭い苦労をしている様子を見せようと思ったのも動機です。

ほかにも、ＤＪ社長が多額の借金があることを隠していないのも共感をさそったと思います。普通の人はお金持ちなら嫉妬しますが、借金がある人なら同情するでしょう。

あと、わかりやすい目標を設定して、そこに近づいていく様子を刻一刻とアップロードし続けるのもいいですね。見ている人々が、あたかも自分が目標に近づいているような錯覚に陥ります。

岡崎体育さんは、さいたまスーパーアリーナでライブをすることをずっと目標に掲げてきて、ついに実現しました。

ポイントは、さいたまスーパーアリーナを目標にしていることを公言してきた点です。「スーパーアリーナで公演する！」という目標はわかりやすいので、誰にも理解できますよね。そこに向かって日々苦労している様子を発信し続けたので、ファンは共感できたわけです。

単にスーパーアリーナを目標にするだけでは、共感を得られなかったでしょう。そのことを周囲に発信したから意味があったのです。

そうそう、岡崎体育さんにとってのスーパーアリーナのように、**わかりやすいシンボルを立てることは大事です。**

- 苦労を可視化して共感を集める
- 目標を立て、それを公言する

人が集うシンボルを作る

ビジネスゲリラは金ではなく思想で仲間を集めると書きましたが、その思想を体現したシンボルがあると、勝手に人が集まってくれることがあります。便利ですね。

岡崎体育さんはさいたまスーパーアリーナをシンボルにしたわけですが、スーパーアリーナ側からすると、頼んでもいないのに岡崎さんがスーパーアリーナの宣伝をしてくれている、とも見えます。

それは、スーパーアリーナが「成功したミュージシャンがライブをする場所」のシンボルとして一人歩きしているからです。そういうシンボルを持っていると、強いですよ。

さすがにさいたまスーパーアリーナを所有するのは無理ですが、私にとってのエデンはまさにシンボルです。

イメージとしては、尖ったミュージシャンが集まる伝説のライブハウス。そこに来たことが自慢になるような場所にしたかったのです。実際、今のエデンはネット界の有名人が次から次へと集まる場所になってくれました。

私が特に何をしたというのでもないですが、噂が噂を、**人が人を呼ぶことで今のエデンは完成しました。**「アイツが来た店なら面白いに違いない」と思ってくれた人が、どんどん宣伝してくれたのです。

ひとつ補足をすると、**エデンの場合はリアルスペースの「場」だったのも成功した理由でした。**やっぱり人はネットではなくリアルスペースで生きていますから、客同士で勝手に盛り上がれるリアルな場は魅力的だったのです。

一時期流行ったオンラインサロンも、最近はちょっと下火ですよね。あれもリアルスペースを欠いているからだと思います。オンラインは、リアルの圧倒的な情報量には敵いませんから。

エデンのようにシンボルが一人歩きをしてくれると非常に楽なのですが、そんなシンボルを狙って作るのはなかなか難しい。あまり力むとかえってダサくなったりします。

だから、ここでもトライ&エラーがキモです。シンボルの候補をいくつか作り、火がつきそうなものを育てましょう。

■ 思想を体現したシンボルに人が集まることがある
■ 成功したシンボルは一人歩きをはじめる

量は質に転じる

質か量か、という話がどこでも出てきますが、われわれしょぼいビジネスゲリラに関しては、量は質に転じると言っていいでしょう。

なぜなら、量は共感を呼ぶからです。

2章で解説した「単純接触効果」を思い出してください。モノでも人でも、繰り返し見たり聞いたりしているうちに好意を持ってしまう、というものです。テレビに繰り返しCMが流れるのは、この効果を狙っているのでしょう。

単純接触効果は、量を好意に変えるものだとも考えられます。ならばわれわれも、読み手や視聴者に長く接することで共感を得てしまいましょう。

われわれにはCMを打つ資金はありませんが、量を確保するのはゼロ円で可能です。ブログの文章を長く、YouTubeの動画も長時間にすればいいのです。そして、アップをする頻度も上げましょう。スピードが大事、という原則はここでも生きてきます。

人気ブロガーの文章や人気YouTuberの動画は長いものですが、その理由は単純接触効果にあるのではないでしょうか。

あと、文章や動画が長いと、最後まで読んでくれる人だけが残ります。すなわち、潜在的なファンだけを選別して訴えかけられることになるので、シンパを見つける上では効率的かもしれません。

ブロガーじゃないですが、キューバの革命家、フィデル・カストロも話が非常に長かったそうです。彼の革命が成功したのも単純接触効果で大衆の共感を得られたからかもしれませんよ。

ただ、長いだけでは飽きられてしまう恐れもありますから、短くて力強いフレーズを組み合わせるのもいいでしょう。

かつて小泉純一郎元総理が「郵政民営化！」を連呼して選挙に大勝したことがありますが、あれも政策の勝利というより、なんだかわからないけれどインパクトのあるフレーズに魅了された人々が投票したからではないでしょうか。

- ■ 発信する情報の量が多いと「単純接触効果」で好意を期待できる
- ■ 発信の頻度も増やす
- ■ 豊富な情報に加え、インパクトのある短いフレーズを付け加える

偶像になるか？　偶像を作るか？

ただ、実は私は、人気者になろうとは思っていません。岡崎体育さんやＤＪ社長のようにスターダムに上りたくはないのです。

成功したシンボルが価値の象徴として一人歩きをはじめるように、**ある程度有名人になると、ファンが勝手に話を盛ってくれるようになります。**あなたという個人が偶像化して一人歩きをはじめるわけですね。

まあ、協力者ができるのはいいことなので基本的には止める必要はありませんが、えらいてんちょうが海水浴に行ったら海が割れて道が現れたとか（それでは泳げませんが）、座禅を組んで空中浮遊していたとか（オウム真理教ですね）言われるようになったらちょっと困ります。

ビジネスゲリラとか言っている私ですが、最期はあくまで畳の上で静かに死にたい人間ですから、偶像崇拝の対象にならないようにしているんです。私のような考えの方は、たぶん他にもいるのではないでしょうか。

ですから私は、できるだけ裏方に徹して、偶像にはならないように気を付けています。

その代わりに……というわけではありませんが、エデンという偶像を作っているわけです。

もちろん、スターを目指すことを否定するのではありません。でも、私のように偶像になりたくない方なら、自分以外に偶像を作る手もありますよ。

■ ある程度有名になると、ファンが話を盛りはじめる

■ 偶像にならずに、自分以外の偶像を立てる手もある

炎上は先手必勝

動画でもブログでも炎上を必要以上に恐れる人が多いのですが、何度も言ってきたように、まずは炎上できるくらいの影響力を確保してから心配しましょう。歩き出す前に転ぶことを恐れていたら、一歩も前に進めません。

その上で炎上に注意するなら、扱うテーマに対して十分に勉強して知識を仕入れることです。世の中の炎上のかなりは、知識不足に起因しています。**特に政治、宗教、LGBTといったセンシティブな話題を扱う場合はしっかり勉強してください。**

それでも炎上してしまった場合は、とにかくさっさと謝ること。言い逃れは最高の燃料になってしまいます。

謝るといっても、「お騒がせしてすみません」じゃダメです。何がどう悪かったのかを明確にしないと燃え上がっている人たちは納得しません。

で、素早く謝罪をしたら、すぐに次のネタを発信してください。炎上の印象をマスキングすることができます。

絶対に避けたいのは、炎上したままブログを閉じたり引退してしまうこと。人は最終的な印象をずっと記憶しますから、そうすると「炎上して消えた奴」という印象にずっと引きずられてしまいます。

もし消えるにしても、次のネタを出して炎上のイメージに上書きしてからにしてください。情報を素早く、たくさん発信することは炎上対策でもあるんです。

- 炎上したら具体的に、素早く謝罪する
- すぐに次のネタを出し、炎上のイメージに上書きする

身体が核にある

ところで、組織論のところで、ビジネスゲリラにとっては独裁が重要だとお伝えしましたね。周囲の意見ばかり聞いていると判断が保守的になり、またスピードが落ちるからです。

しかし同時に、自治も必要だと書きました。すると、「どこまでを独裁し、どこからを自治に任せるか」という問題が生じます。

独裁の範囲は時によって変化します。われわれビジネスゲリラのネットワークはゆるいものなので、何か問題を起こした箇所はすぐに切り離せますし、協力的な人やモノは速やかに取り込めるので、不定形であるわけです。

それに、正規軍のようにフルタイムワーカーであることを求めませんから、ある時は協力者でも、別のある時は無関係だったりします。ゲリラ兵が普段は農業を営んでいるような感じです。

ゆるくて、範囲がはっきりしないネットワーク。ではネットワークの核は何か、ということが気になりますよね。

私はそれが自分の身体だと思っています。

どんなにゆるいネットワークであっても、自己と他者との区別だけは揺るがない気がします。だって、私の腕をつねったときに痛みを感じるのは私であって、他人じゃありません。逆に他人の痛みは、子供のようにどんなに愛しい相手であっても、本当に感じることはできません。

自己の身体は重要だと思っています。ということで、身体はビジネスゲリラの核になりそうです。

■ 脳よりも身体の言葉を聴くようにする

おさらいとしてのケーススタディ

さて、ではここからは、本書でここまでお伝えしてきたことの復習もかねて、今、もっとも熱いビジネスゲリラたちのケーススタディを見てみましょう。彼らはゲリラ戦を展開し、成功を収めつつあります。

ＤＪ社長さんと岡崎体育さんには、ここまでもけっこう触れてきました。彼らは成功したビジネスゲリラのいい例です。

しかし、なかでも僕がもっとも注目しているのが、政治団体「ＮＨＫから国民を守る党」（以下N国党）です。

N国党は、「ＮＨＫに受信料を払わない方を全力で応援・サポートする」というテーマを掲げた政治団体です。駅前で演説をしているのを見たことがある方も多いかもしれません。

その主張の是非はともかくとして、N国党が、私が本書で展開したビジネスゲリラ理論をもっとも鮮やかに体現している集団であることは間違いありません。

第一に、彼らはれっきとしたゲリラです。大企業などの正規軍をバックグラウンドに持ってはいません。

N国党の党首である立花孝志さんは大阪の高校を卒業後にNHKに入り、2005年にNHKを依願退職してからフリージャーナリストになり、2017年には東京都葛飾区の議会議員選挙に当選しているそうです（いずれも党のHPによる）が、いわゆるエリートではないといえるでしょう。

第二に、**その戦い方がまさにビジネスゲリラなのです**。ネットを駆使した贈与・宣伝戦略を展開し、大衆の共感を得て……と、まるでビジネスゲリラの教科書に載りそうな戦いぶりです（あ、載りましたね。本書に）。

詳しく見ていきましょう。

■ビジネスゲリラ理論を体現した人々が現れている

圧倒的なわかりやすさ

誰もがN国党を見て思うのは、その主張の圧倒的なわかりやすさでしょう。すなわち「NHKをぶっこわせ！」。とにかくNHKは悪い連中なので、みなさんをNHKから守りますよ、という次第です。具体的には、NHKの集金人が戸別訪問することを禁じることと、「NHKスクランブル放送」を実施し、NHKを視聴できないテレビを持つ家庭にはNHKの電波を供給しないことを求めています。

なんとわかりやすい主張でしょう。複雑さゼロ、前提とする知識もNHKという存在だけです。日本人の100％に理解可能な主張です（支持するかどうかは別ですが）。主張のわかりやすさは、DJ社長さんと岡崎体育さんにも共通しています。前者は

「メットライフドームでイベントをやる」、後者は「さいたまスーパーアリーナでコンサートを開く」です。実に分かりやすい。

わかりやすさは重要です。わかりにくい主張には誰もついてこないからです。特にネットを武器にするなら、不特定多数の人の目に触れる訳ですから、誰も瞬時にわかる主張じゃないといけません。

ですが、わかりやすさだけではダメです。「東大に入りたい」という主張はわかりやすいですが、「ふーん」で終わってしまいます。個人的でありきたりすぎますから。しかし「ＮＨＫをぶっこわす」だと、そんな主張を掲げる人は他にいませんから、とても目立ちます。そんな刺激的で壮大なテーマにいち観客として参加できる、あるいは応援できるという刺激が、大衆に訴えかけるのです。

■ 誰にでも理解できるわかりやすい主張を掲げる

■ただし、主張は平凡ではダメ

弾を撃ち続ける

次に注目してほしいのは、N国党ないし代表の立花さんが情報を発信しまくっていることです。単純接触効果を存分に活かしているんですね。

なんといっても、弾数が滅茶苦茶に多い。YouTubeの立花孝志さんのチャンネルでは、1日数本の動画がどんどんアップされます。

一本一本のクオリティは、正直言って高いとは言い難いと思います。というより、YouTuber的ではないのです。そもそも、編集もしていません。

しかしそれがすごいんですよ。編集に時間がかからないから、量産ができるわけです。すると単純接触効果によってファンは増えていきます。その威力は、立花さんのチャンネルの13万を超える登録者（2019年6月現在）が物語っているのではないでしょうか。

そして立花さんはその動画の中で、裁判をしたとか、どこそこの議員を批判したとか、常に戦っているわけです。

戦い続けると、仮に負けても支持者がついてくるんですね。「ああ、俺たちのための戦いを続けてくれている」という信頼感があります。

それに、裁判などの戦いに負けても戦争のように命を取られるわけじゃありません。だから、全体として見ると、支持者はどんどん増えていきます。

■ 話題を提供し続けることで単純接触効果を狙う
■ トライ&エラーを続けると信頼感も生まれる

わかりやすい敵をつくる

今「戦い」と言いましたが、戦いには敵が必要ですね。

そう、**敵の存在は、衆目を集めるために重要らしいんです。**

「らしい」と言ったのは、私はあまりこの方法をお勧めしないからですね。まあ、私もケンカばかりしている人間ではありませんが、好き好んで敵をつくる必要があるかというと、疑問です。

ただ、「ＮＨＫ」という強大な敵と戦っているＮ国党を見る限り、敵を仕立て上げてそことの戦いを繰り広げると、大衆は熱狂し、YouTubeの動画は拡散します。どちらに正義があるかは、あまり問題ではないようです。ほとんどの人はそこまで踏み込まず、戦いを見物して楽しむらしいんですね。

実は、ＤＪ社長さんも岡崎体育さんも、話をよく聞くと敵をつくっています。といってももちろんＮＨＫ打倒のアジテーションをぶっているのではなく、もう少し小さな敵です。

たとえばＤＪ社長さんなら、昔やったイベントで「ぽっと出が」みたいな陰口をたたかれたけど、かえって奮起してやったぜ、みたいな。「敵」の実名は出さないので藁人形論法みたいなものですが、敵と戦う自分、という構図はつくれるわけです。

すると、ファンはより熱狂すると。Ｎ国党に比べると非常に大人しいものですが、やはり効果はありそうです。

まあ、敵をつくるのは劇薬みたいなものなので、使い方には要注意ですね。

- ■ 敵を作ると注目を集めることができる
- ■ 敵は、ちょっとした存在でも効果的
- ■ リスクが大きい方法なので注意も必要

カリスマの話術

組織論のところで、本人がカリスマになるか、それともカリスマになる代わりにシンボルを作るか、という話をしました。

私はエデンというシンボルを作るほうを選びましたが、N国党の立花さんは明らかにカリスマです。

どの辺がカリスマかというと、とにかく話が長いんです。アップする動画が多いということは、話が長いということでもあります。

で、長い話の内容がどうかといいますと、とにかく断言をする。自分が正しい、自分は専門家だと言い切るんです。

正直、主張にはかなりの穴があるように見えますが、自信に満ちあふれているのは間違いありません。そして、そういう話を延々と続けられる。これは才能です。

一部の人は「あ、こいつの言ってることは変だな」と思ってすぐに離れますが、逆に強烈についていく人も出てきます。

というのも、普通の人は相手の言説のファクトチェックなんかしませんし、論理に整合性があるかも気にしないからです。「AはBなんだ！　とにかくそうなんだ！」ということを毎日毎日、ずーっと話し続けると「なるほど、そうなんだろう」と思い込む人たちが必ず出てきて、強烈な支持者になるわけです。

証拠を集めたり論理を組み立てることには時間がかかりますが、そうじゃない人は発信できる情報の量も増えますから、大衆を味方につけやすいとも言えますね。

まあ、それでもカリスマは大変だと思います。敵も多しですし、しゃべり続けなきゃいけませんし。それを楽しいと思える人なら、カリスマを目指せばいいんです。私にはちょっと無理かな……。

■ 長く話し続けると単純接触効果でファンをつくれる
■ 根拠や論理にこだわらずに断言すると、一部に熱狂的なファンができる

秀逸な贈与戦略

私がN国党でいちばんすごいと思うのは、本書で一章を割いてお伝えした贈与戦略の見事さです。これはすごいですよ。

N国党は「NHK撃退シール」を無料配布しています。これは実際に効果があるそうですが、贈与ですよね。単なるシールなので、元手はほとんどかかっていないでしょう。

贈与は単に配るだけではなく、いずれ自分の利益という形で「回収」しなければ意

味がありませんが、N国党はどのように回収するか。

選挙です。このシールでNHKを撃退できた人の中には、恩義を感じて選挙で立花さんに投票する人が出てくるでしょう。つまり贈与を、票という形で回収するわけです。

票の価値って、実はすごく大きいんですよ。

たとえば豊島区議会議員選挙だと、だいたい1500票あれば通ってしまうんですが、区議会議員の年収は約1000万円です。1票あたり6666円です。ステッカー一枚が6666円になるんですから、投資として見た場合、超お得だと言わざるを得ません。議員になると、他にもたくさんメリットがありますしね。

岡崎体育さんが「岡崎体育がいいね押すためだけのアカウント」をTwitterに開いて、ファンに「いいね!」をたくさん贈与している話をしましたよね。N国党が配っているシールも岡崎体育さんの「いいね!」も、従来の枠組みにはなかった贈与という点では共通しています。

贈与のルールは変わったのです。**投資効率が高い贈与を見つけられた者が勝つ時代です。**

■ 無料配布しているシールが大きな価値を持つ票に変わっている

独裁と自治のゆるい組織

そしてN国党は、私の組織論にも怖いほど合致しています。

基本的に、立花さんのやりかたは独裁です。ただ政治団体なのに組織はゆるく、簡単に仲間にしたり、切り離したりもします。もちろん立花さんの一存で。

それがまとまっているのは、立花さんというカリスマがいなければ党が成り立たないからですね。

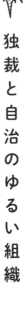

しかし独裁だけではありません。やはり私が「独裁と自治の両立」と述べたように、末端にはかなり勝手にやらせているんです。自民党と組もうが共産党と組もうが勝手にしなさいと言っているくらいですから、すごい政治団体です。でも、そのゆるさが末端をアクティブにしているのは否めません。

ただし、法則には例外があります。たとえばＤＪ社長さんのグループ「レペゼン地球」は、全然ゆるくないんですよ。

メンバーはＤＪ社長さんをすごくリスペクトしています。それぞれのメンバーもチャンネルを持っているんですが、そこで社長への愛を語ったりしていますから、本当でしょう。

で、ＤＪ社長は彼らの忠誠心というか仲間意識を前面に出しているんですね。まるで漫画『ワンピース』か浪花節の世界です。それがまたファンに受けると。

ＤＪ社長もカリスマ性はすごいんですが、ゆるい組織をつくろうとは思わなかったようです。むしろ「仲間」という概念をひとつのシンボルにまで仕立てたと言ってもいいでしょう。こういうやり方もあるということですね。

- ■N国党は独裁と自治を両立させたゆるい組織
- ■例外的に、レペゼン地球は仲間意識を前面に押し出している

フォロワーの数は銃口の数

ここまでいい話ばかりしてきましたが、じゃあN国党がどんどん勢力を伸ばしていずれ天下を取るかというと、それはわかりません。ゲリラとしての戦いは、そんなに美味しい話ばかりじゃありません。

以前、『発達障害の僕が「食える人」に変わったすごい仕事術』（KADOKAWA）

で知られる借金玉先生がいいことを言っていました。**「フォロワーの数は、向けられている銃口の数だ」**と言うんですね。

つまり、ファンはいつ手のひらを反すかわからないということです。そういうリスクを、われわれしょぼいビジネスゲリラは常に意識しなければいけません。

応援が銃口に変わるのはどんなときか?

いろいろ考えられます。

わかりやすいのは、スキャンダルを起こしてダメになるパターン。そうやって消えていったYouTuberは数知れません。もちろん、この章で解説した炎上対策などで復帰した人も少なくないんですけどね。

あと、飽きられてしまうことも考えられます。

ここまで見てきたように、強烈で単純なメッセージは人を惹きつけます。でも、味の濃い食べ物はすぐ飽きてしまうように、飽きられるリスクも大きいと思うのです。

人は刺激に慣れます。最初は「お!」と思っても、繰り返し刺激にさらされるとどうしても飽きてくる。

飽きかけたファンをつなぎとめる方法は二つあります。

ひとつは刺激の質を強めること。最初は10でびっくりしたファンが飽きてきたら、刺激の強さを15にする。その後は20……と、どんどん強めるわけです。

しかしこのやり方にはリスクがありますね。たとえば話の内容の過激さをどんどん強めていくと、何らかの形で終わりがくるのではないでしょうか。

だから私は、飽きられないためにはもう一つの方法を勧めます。

それは、刺激の質を変えることです。甘い味に慣れたら、次はしょっぱい料理を出す。それにも飽きたら、辛いもの……と、多様な刺激を与えるのです。

そのためには、質の違う弾をたくさん準備しておかなければいけませんね。

■ファンはいつ手のひらを返すかわからない
■スキャンダルで消えたり、飽きられたりするリスクがある
■刺激を強めるよりも、別の刺激にシフトする

ルールが変わった

そろそろまとめに入りましょうか。

今紹介した人たちは、私がこの本で唱えた、新しい戦い方で成功しました。みな微妙に違いがありますが、SNSなどの新しいツールを使って、今までは存在しなかった形で贈与戦略を展開した点は共通しています。

今までの時代は、贈与というと金やモノと決まっていました。しかし今は違います。見えない贈与がたくさん可能になっているのです。

贈与の種類が増えたとも言えますね。すると当然、今まで贈与の主役だった金やモノの価値は、相対的に下がります。

それはつまり、われわれしょぼいビジネスゲリラにもチャンスが巡ってきたということです。

ルールが変わったことに気づきましょう。

古い武器を捨てて、身軽なゲリラとして戦ってみませんか？

■ 贈与の主役が金やモノだけではなくなった

■ 贈与できるものが増え、ゲリラにもチャンスが巡ってきた

えらいてんちょう

1990年12月30日生まれ。慶應義塾大学経済学部卒業。バーや塾の起業の経験から経営コンサルタント、YouTuber、著作家、投資家として活動中。2015年10月にリサイクルショップを開店し、その後、知人が廃業させる予定だった学習塾を受け継ぎ軌道に乗せる。2017年には地元・池袋でイベントバー「エデン」を開店させ、事業を拡大。その「エデン」が若者の間で人気を呼び、日本全国で10店、海外に1店(バンコク)のフランチャイズ支店を展開。各地で話題となっている。昨年12月には初著書『しょぼい企業で生きていく』(イースト・プレス)を発売し、現在、電子書籍を含めて4万3000部。朝日新聞ほか多くのニュースメディアで取り上げられたことで男性女性から幅広く支持されている。今回、本書のほか『しょぼ婚のすすめ　恋人と結婚してはいけません!』『静止力　地元の名士になりなさい』と合わせてKKベストセラーズより3冊同時刊行。YouTube「えらてんチャンネル」のチャンネル登録者数は約14万人(2019年6月現在)。

ビジネスで勝《か》つ
ネットゲリラ戦《せん》術《じゅつ》【詳《しょう》説《せつ》】

2019年7月10日　初版第1刷発行

著者	えらいてんちょう
発行者	塚原浩和
発行所	KKベストセラーズ 〒171-0021 東京都豊島区西池袋5-26-19　陸王西池袋ビル4階 電話　03-5926-5322(営業) 　　　03-5926-6262(編集)
装幀	小口翔平+岩永香穂(tobufune)
カバーイラスト	髙柳浩太郎
本文デザイン	山之口正和(tobufune)
構成	佐藤　喬
図版イラスト	いしいまき
印刷所	錦明印刷
製本所	ナショナル製本
DTP	オノ・エーワン

ISBN978-4-584-13929-5　C0095
定価はカバーに表示してあります。